Dein Italienisch wachgeküsst!
Lerne jetzt Italienisch
durch mentales Training

Lob für

Awaken your Italian

Dein Italienisch wachgeküsst!

"Du denkst, du wärst zu alt, zu schüchtern, oder du hättest "kein Sprachtalent"? Dann empfehle ich dir dringend, diese Haltung noch einmal zu überdenken und einmal in Antonio Libertinos wunderbar kreativen und innovativen Sprachkurs Dein Italienisch wachgeküsst! zu schauen. Teils Lehrer, teils Lebens-Coach, wird Antonio dich mit seinem Kurs auf eine ganz besondere Reise mitnehmen, weg von den üblichen eintönigen Konjugationsübungen und Vokabeltests und hin zu magischen Orten, zu Mind Mapping®, täglichen Affirmationen und dem absoluten Glauben an dich selbst und an deine Fähigkeit, mit Zuversicht fließend Italienisch zu sprechen.

Mit einer Kombination aus zweisprachigen parallelen Texten mit fröhlichen Illustrationen und meditativen Audios, hat der Kurs zum Ziel, während des Lernens dein Selbstvertrauen aufzubauen. Der Kurs spricht nicht nur den speichernden und erinnernden Teil des Gehirns an, sondern er etabliert den festen Glauben und die Akzeptanz, dass du eine Sprache wirklich erlernen kannst!

Wenn du dich noch daran erinnern könntest, wie du sprechen und laufen gelernt hast, wüsstest du, dass du nie auch nur daran gedacht hast dass du dabei scheitern könntest, dass du es vielleicht nicht schaffen würdest...

Antonio nimmt dich mit zurück in diese Zeit, in der es nur das "ich schaffe das!" gab. Wenn du schon früher versucht hast, Italienisch zu lernen und es irgendwann aufgegeben hast, sei es in einem Kurs, oder zu Hause als Selbstlerner, kann ich dir versichern: Dein Italienisch wachgeküsst! hat einen so stimulierenden und ganzheitlichen Ansatz des Lernens ganz allgemein, dass du leicht erreichen wirst, was du bisher für unerreichbar hieltest.

Antonio glaubt fest daran, dass du seine wunderbare Sprache erlernen wirst, und am Ende dieses unterhaltsamen, faszinierenden und effektiven Kurses, wirst du das auch glauben! Grazie, Maestro!"

Alison Huntley, Italienisch-Schülerin

(Übersetzt aus dem Englischen)

Risveglia il tuo italiano!
Dein Italienisch wachgeküsst!
Lerne jetzt Italienisch durch mentales Training

!

Antonio Libertino

Dein Italienisch wachgeküsst!

Lerne jetzt Italienisch

durch mentales Training

ISBN: 978-1523945436

Das vorliegende Werk ist eine Übersetzung und Bearbeitung von

Awaken your Italian! Risveglia il tuo Italiano!

von Antonio Libertino

Übertragung und Bearbeitung für deutschsprachige Lerner: Claudia Petschull

Layout, Zeichnungen und Grafik-Design: Antonio Libertino

Musik der Audiodateien: © Kevin MacLeod

Titelbild:

Paul Prescott © Fotolia

!

Questo libro è dedicato a Salvatore ("Mimmo"), che ci guarda e ci manda il suo amore dall'alto.

Dieses Buch ist Salvatore ("Mimmo") gewidmet, der uns von Oben zusieht, und uns von dort seine Liebe sendet.

E questo libro è anche dedicato a mia moglie Tiziana e a mio figlio Pasquale, entrati nella mia vita per renderla grandiosa.

Und dieses Buch ist auch meiner Frau Tiziana und meinem Sohn Pasquale gewidmet, die in mein Leben getreten sind, um es in etwas Großartiges zu verwandeln.

Indice

Inhalt

!

Fermati! Prima leggi questo!

Per usare questo corso al meglio hai bisogno dei relativi file audio. Per scaricarli GRATUITAMENTE vai su http://speakitalianmagically.com/7612661142/diw/ (copia e incolla l'indirizzo qui sopra nel tuo browser) e inserisci la password che trovi in alto a pag. 100.

NON ascoltare i file audio mentre guidi o mentre fai qualcosa che richiede la tua piena attenzione, dato che ti conducono in uno stato di rilassamento vigile che velocizza il processo di apprendimento.

Nota della traduttrice: Per mantenere la fluidità della parte tedesca e per aiutarti a pensare in italiano, la traduzione in tedesco riporta in molti punti il senso della parte italiana, ma non è letterale al 100%.

!

Warte! Lies das zuerst!

Notwendiger Bestandteil dieses Kurses sind die dazugehörigen Audio-Dateien. Um sie gratis herunterzuladen, gehe auf http://speakitalianmagically.com/7612661142/diw/ (kopiere den Link und füge ihn in deine Browserzeile ein) und gib das Passwort ein, das ganz oben auf Seite 100 angegeben ist.

Höre die Audiodateien NICHT während des Autofahrens oder während du etwas tust, das deine volle Aufmerksamkeit erfordert, da du in einen Zustand entspannter Konzentration geführt wirst, was den Lernprozess beschleunigt.

Anmerkung der Übersetzerin: Um die Flüssigkeit des deutschen Textes zu erhalten und um dir dabei zu helfen, auf Italienisch zu denken, ist die deutsche Übersetzung in Teilen eher dem Sinn des italienischen Teils verpflichtet als der zu 100% wortwörtlichen Übersetzung.

!

GRAZIE MILLE

per aver deciso di

risvegliare il tuo italiano!

Hai mai pensato che il successo nell'apprendere una lingua possa essere dovuto a fattori mentali?

Stai pianificando di dedicare una qualsiasi parte del tuo processo di apprendimento a prepararti mentalmente per il compito di acquisire la padronanza dell'italiano? Se la tua risposta è quella che penso che sia, continua a leggere e scoprirai come ***risvegliare il tuo italiano***.

!

Danke
dass du dich entschieden hast,
dein Italienisch wach zu küssen!

Hättest du gedacht, dass der Erfolg beim Erlernen einer Sprache etwas mit mentalen Faktoren zu tun haben könnte?

Hast du vor, einen Teil deiner Lernbemühungen darauf zu verwenden, dich mental auf die Beherrschung des Italienischen vorzubereiten? Wenn deine Antwort die ist, die ich vermute, dann lies weiter, und du wirst herausfinden, wie du ***dein Italienisch wachküssen kannst***.

Immagina che venga detto al tuo insegnante che *TU sei un genio* e che lui ci creda davvero. Pensi che questo possa influenzare il tuo rendimento nell'apprendimento? Leggi a proposito dell'esperimento Rosenthal – Jacobson nella "**scienza dietro *Risveglia il tuo italiano***".

Che tu ci creda o no, io credo davvero che TU sia un genio e che tu possa ***risvegliare il tuo italiano.***

E TU? Credi davvero di poter *parlare fluentemente* e anche *pensare in italiano*? È davvero possibile tutto ciò?

Sì, lo è.

Se hai già provato a imparare l'italiano con dei metodi tradizionali, basati sulla grammatica e sulla traduzione parola per parola, è possibile che tu non abbia avuto un grande successo. Se non hai ancora cominciato con l'italiano, seguendo le istruzioni nel prossimo paragrafo avrai l'esperienza di capire l'italiano come se TU già lo conoscessi, e questo è un primo magico passo nel fare tua una lingua.

Stell dir vor, dein Sprachlehrer hätte über dich gehört, dass du ein Genius seist, und dass er das tatsächlich glauben würde. Kannst du dir vorstellen, dass das einen Einfluss auf deine Lerneffizienz haben könnte? Lies nach über das Rosenthal-Jacobson-Experiment in "**Der wissenschaftliche Hintergrund von *Dein Italienisch wachgeküsst***".

Ob du es glaubst oder nicht - ich glaube, du bist wirklich ein Genius, und ***du kannst dein Italienisch tatsächlich wachküssen.***

Und du? Glaubst du wirklich daran, dass *du flüssig Italienisch sprechen kannst*, und dass du sogar *auf Italienisch denken kannst*? Ist das wirklich möglich?

Ja, das ist es.

Wenn du bereits versucht hast, Italienisch zu lernen mithilfe von traditionellen Methoden, die auf Grammatik und Wort-für-Wort Übersetzung basieren, kann es gut sein, dass du noch nicht viel Erfolg damit hattest. Wenn Italienisch noch ganz neu für dich ist, wirst du die Sprache verstehen, also ob du schon Italienisch könntest, nachdem du die Anweisungen im nächsten Kapitel befolgt hast. Das ist der magische erste Schritt, um sich eine Sprache zu eigen zu machen.

Risveglia il tuo italiano contiene cinque fondamentali lezioni sull'allenamento mentale. Sì, hai letto bene: allenamento mentale. Cosa c'entra l'allenamento mentale con l'apprendimento dell'italiano?

Gli atleti lo usano da decenni per raggiungere i loro obiettivi, per acquisire e praticare abilità motorie, per provare delle routine, per creare memoria muscolare e per sviluppare un maggiore senso di consapevolezza. E allora? Perché TU non puoi usarlo per ***risvegliare il tuo italiano***? Se vuoi approfondire la tua conoscenza dell'argomento, leggi "**la scienza dietro *Risveglia il tuo italiano***".

Le lezioni sono presentate consecutivamente ed ognuna di esse si basa sulla precedente. Ecco perché è importante seguire l'ordine in cui sono presentate.

Che ne dici di avere un obiettivo chiaro prima di iniziare? La prima lezione (**prendi una decisione**) ti guiderà in questo. Hai mai pensato che sia possibile avere una mini-vacanza ogni volta che lo vuoi? La seconda lezione ti aiuterà a creare **il tuo posto speciale**, dove ti potrai rilassare a tuo piacimento.

Dein Italienisch wachgeküsst enthält fünf grundlegende Lektionen über mentales Training. Ja, du hast richtig gelesen: mentales Training. Aber was hat mentales Training mit Italienisch Lernen zu tun?

Sportler nutzen es schon seit Jahrzehnten, um ihre Ziele zu erreichen, ihre Motorik zu verfeinern, Routinen für das Muskelgedächtnis zu üben, und um eine verbesserte Eigenwahrnehmung zu entwickeln. Also, warum sollst du es nicht nutzen, wenn ***du dein Italienisch wachküssen willst***? Wenn Du mehr zu diesem Thema erfahren willst, lies "**Der wissenschaftliche Hintergrund von *Dein Italienisch wachgeküsst***".

Die Lektionen in diesem Buch werden aufeinanderfolgend präsentiert und bauen jeweils auf der Vorherigen auf. Deshalb ist es wichtig, die Reihenfolge zu beachten, in der sie vorgestellt sind.

Wie wäre es mit einem klaren Ziel, bevor es losgeht? Lektion eins (**Triff eine Entscheidung**) wird dich dabei unterstützen. Hättest du gedacht, dass es möglich ist, einen Kurzurlaub zu machen, wann immer du willst? Lektion zwei wird dir dabei helfen, Il tuo posto speciale, **deinen besonderen Ort** zu kreieren, wo du relaxen kannst, wann immer du willst.

Come ti senti quando sei al tuo meglio? Da chi puoi imparare l'italiano? La terza lezione (**quando sei al tuo meglio**) e la quarta (**impara dai migliori**) ti faranno letteralmente entrare dentro il te stesso [la te stessa] al tuo meglio e dentro un modello italiano di tua scelta. E che ne dici della capacità di accelerare ogni apprendimento? La quinta lezione (**allenati mentalmente a parlare l'italiano molto bene**) ti insegnerà una tecnica di allenamento mentale per provare ogni abilità che tu voglia padroneggiare in italiano.

Pensa a ***Risveglia il tuo italiano*** come un corso speciale che ti insegnerà delle abilità utili in italiano e con l'intenzione di renderti uno studente indipendente della lingua, uno [una] in grado di godersi non solo il risultato finale, ma anche le tappe dell'apprendimento. Sì, *rilassati e goditi il viaggio*! Crea dentro di te un'associazione tra l'apprendimento e il piacere. Perché io sono d'accordo con chi dice che l'apprendimento continuo è il segreto per vivere una vita lunga e felice. Perciò, per dirlo di nuovo in italiano, *rilassati e goditi il viaggio*!

Wie fühlst du dich von deiner besten Seite? Von wem kannst du Italienisch lernen? Die dritte Lektion (**Du von deiner besten Seite**) und die vierte Lektion (**Lerne von den Besten**) werden dich hineinführen in die beste Seite deines Selbst, und werden dir ein Italienischsprachiges Leitbild deiner Wahl vorstellen. Und was hältst du davon, jeden Lernvorgang beschleunigen zu können? Die fünfte Lektion (**Sprich sehr gut Italienisch durch mentales Training**) zeigt dir eine Technik des mentalen Trainings, die du für das Erlernen jedweder Fähigkeit in Italienisch nutzen kannst.

Sieh ***"Dein Italienisch wachgeküsst"*** als einen ganz besonderen Kurs, in dem du auf italienisch alle möglichen nützlichen Fertigkeiten kennen lernen wirst, die aus dir einen unabhängigen Sprachlerner oder -lernerin machen; einen, der nicht nur mit dem Endergebnis zufrieden sein kann, sondern auch Freude an den einzelnen Lernschritten hat. Ja, *relaxe und genieße die Reise*! Schaffe in dir eine feste Verbindung zwischen Lernen und Vergnügen. Ich bin der Überzeugung, dass im fortwährenden Lernen das Geheimnis eines langen, glücklichen Lebens begründet liegt. Daher sage ich es noch einmal auf Italienisch: *rilassati e goditi il viaggio!*

Come usare questo corso

Sarai guidato [guidata] in un'esperienza rilassante in ogni lezione.

La primissima cosa da fare è decidere di usare questo corso per almeno 10 minuti al giorno.

Fermati ora! Impegnati davvero con te stesso [stessa] a *usare il corso* per almeno dieci minuti al giorno. Se possibile condividi la tua decisione con i tuoi amici più cari o con i membri della tua famiglia. Farlo rinforzerà l'impegno preso.

Perché almeno dieci minuti al giorno o addirittura solo dieci minuti al giorno? Delle ricerche hanno dimostrato che il tuo cervello funziona meglio a strati e se rivedi la stessa lezione in modi diversi, come spiegato tra poco, il tuo cervello avrà l'opportunità di riflettere sull'argomento e TU ricorderai molto meglio parole, espressioni ed abilità.

Anleitung für diesen Kurs

In jeder Lektion wirst du in ein entspannendes Erlebnis geführt werden.

Das allererste, was du jetzt tun darfst, ist dich dafür zu entscheiden, den Kurs mindestens 10 Minuten täglich zu nutzen.

Moment - warte mal! Triff jetzt mit dir selbst eine feste Verabredung, dich für mindestens 10 Minuten pro Tag mit *dem Kurs zu beschäftigen*. Wenn irgend möglich, teile deine Entscheidung mit deinen engsten Freunden oder mit deinen Familienmitgliedern. Damit stärkst du deinen Entschluss noch mehr.
Warum wenigstens zehn Minuten pro Tag oder vielmehr nur zehn Minuten pro Tag? Untersuchungen haben ergeben, dass dein Gehirn am besten schichtenweise arbeitet. Wenn du also die gleiche Lektion mehrmals aus unterschiedlichen Blickwinkeln durchnimmst, so, wie ich es dir gleich erklären werde, bekommt dein Gehirn die Möglichkeit, das Thema umfassend zu verarbeiten. Du wirst dir dadurch Worte, Ausdrücke und Fähigkeiten viel besser merken können.

La seconda cosa da fare è quella di scrivere le ragioni per cui vuoi poter parlare l'italiano molto bene. Cosa te ne viene a parlare l'italiano molto bene?

Metti queste note in un posto che ti permetta di vederle molto spesso. *Fallo ora!* Poi leggi attentamente i passi suggeriti e applicane uno o due al giorno per ottenere il risultato migliore.

Passi per ogni lezione

1. Trova un posto comodo in un ambiente rilassante, ad esempio su una sedia con braccioli oppure su un letto. Immagina di essere un bambino di nuovo e che stai per divertirti a scoprire la tua lingua, l'italiano. Ascolta l'audio mentre ti godi l'esperienza ed usa la tua fantasia per seguire le immagini e le sensazioni che ti vengono dalle registrazioni.

Als zweites darfst du dir die Gründe notieren, warum du sehr gut Italienisch sprechen können willst. Was bringt es dir, sehr gut italienisch sprechen zu können?

Hänge diese Notizen irgendwo auf, wo du sie sehr häufig siehst. *Mach das jetzt gleich!* Dann lies aufmerksam die folgenden Schritte, die ich dir empfehle, und integriere täglich einen oder zwei davon in deinen Alltag, um die bestmöglichen Ergebnisse zu erzielen.

Die Schritte für jede Lektion

1. Such dir einen bequemen Platz in einem entspannten Ambiente; zum Beispiel in einem Lehnstuhl oder auf einer Liege oder einem Bett. Stell dir vor, wieder ein Kind zu sein, und wie du dich darauf freust, deine neue Sprache zu entdecken, das Italienische. Höre das Audio während du das Erlebnis genießt, und nutze deine Phantasie, um den Bildern und Eindrücken zu folgen, die während des Hörens vor deinem inneren Auge erscheinen.

2. Ascolta l'audio di nuovo mentre ne leggi il testo dal libro. Fatti coinvolgere! Evidenzia, sottolinea e cerchia ogni nuova parola con penne ed evidenziatori colorati. Colora i disegni nelle mappe mentali®[1]. Fai i tuoi disegni! È divertente! Questo libro è tuo anche per disegnarci sopra: fallo e divertiti! Tutto questo aiuta ad attivare la parte destra del tuo cervello.

3. Dopo aver fatto questo, ti sentirai a tuo agio ad ascoltare la versione solo in italiano della lezione e ti sentirai orgoglioso [orgogliosa] dato che capirai tutto.

4. Rispondi giocosamente alle domande che trovi alla fine di ogni lezione.

5. Parla in coro con la versione solo in italiano della lezione. Sincronizzati con la voce italiano e parlaci sopra insieme. Questa è una piccola sfida, ma è divertente e aiuta davvero il tuo cervello a capire che vuoi proprio parlare italiano molto bene.

---

[1] Le mappe mentali sono state inventate da Tony Buzan. Vedi Buzan T. und B. (2005).

2. Höre das Audio erneut, während du den Text im Buch liest. Nimm aktiv teil! Markiere, unterstreiche und kreise jedes neue Wort ein. Nimm dazu bunte Farbstifte und Textmarker. Male die Zeichnungen der Mind Maps®[2] farbig aus. Mach eigene Zeichnungen! Das macht Spaß! Dieses Buch ist deins, auch damit du darin malen kannst! Mach es und hab Freude dran! All das dient dazu, deine rechte Gehirnhälfte zu aktivieren.

3. Nachdem du das getan hast, wirst du dich vollkommen wohl dabei fühlen, die italienische Version der Lektion anzuhören, und du wirst stolz auf dich sein, weil du alles verstehst.

4. Antworte mit spielerischer Leichtigkeit auf die Fragen, die du am Ende jeder Lektion findest.

5. Sprich laut mit mit der einsprachig italienischen Version der Lektion. Sprich synchron mit der italienischen Stimme, rede über die Stimme drüber. Das ist eine kleine Herausforderung, aber es macht Spaß und es ist enorm hilfreich, deinem Gehirn klar zu machen, dass du wirklich sehr gut italienisch sprechen willst.

---

[2] Mind Maps wurden von Tony Buzan erfunden. Siehe Buzan T. und B. (2005).

Altri suggerimenti

* Sii creativo [creativa] e trova modi nuovi e differenti per ripetere le lezioni. E fammi sapere se escogiti un nuovo approccio che funziona!

* Dopo tre respiri profondi, chiudi gli occhi e chiediti qualcosa di potenziante. Nel prossimo capitolo troverai alcune domande potenzianti in italiano. Se sai come rispondere in italiano, pronunciale a voce alta e poi rispondi. Se non lo sai, pronunciale semplicemente in modo entusiastico e abbi fiducia nella parte destra del tuo cervello che troverà una buona risposta anche se nella tua madrelingua.

* In ogni lezione troverai una sezione intitolata "**Il tuo coach personale**". Leggila e mettila in pratica. Ti stimolerà a *risvegliare il tuo italiano* più velocemente.

Noch mehr Vorschläge

* Sei kreativ! Finde neue, unterschiedliche Wege, um die Lektionen zu wiederholen. Lass es mich wissen, wenn du einen neuen Weg herausgefunden hast, der gut funktioniert!

* Nach drei tiefen Atemzügen schließ die Augen und stelle dir eine der machtvollen Fragen. Im nächsten Kapitel werde ich dir einige machtvolle Fragen auf italienisch vorstellen. Wenn du dir schon zutraust, auf italienisch zu antworten, sprich erst die Frage laut nach und gib dann die Antwort auf italienisch. Wenn du noch nicht so weit bist, sprich einfach die Frage laut nach, betone sie möglichst enthusiastisch, und dann vertraue deiner rechten Hirnhälfte, dass sie schon eine gute Antwort finden wird, und sei es auch in deiner Muttersprache.

* In jeder Lektion wirst du einen Abschnitt finden mit dem Titel **Dein ganz persönlicher Coach**. Lies den Abschnitt gut durch und setze ihn in die Praxis um. Das wird dich anregen, *dein Italienisch noch schneller wach zu küssen.*

Prendi-te - la

* Prenditela comoda e in trenta/sessanta giorni circa padroneggerai delle abilità utili per la tua vita così come nuove parole ed espressioni italiane, divertendoti lungo il percorso. Se salti un giorno o due, non c'è problema dato che siamo esseri umani. Solo rimettiti in corsa appena puoi! E allora devo solo dirti di nuovo: *rilassati e goditi il viaggio!*

* Geh es entspannt an. In etwa dreißig bis sechzig Tagen wirst du sowohl viele nützliche Fähigkeiten für dein Leben als auch neue Worte und Redewendungen auf italienisch beherrschen, und schon der Weg dorthin wird dir jede Menge Vergnügen bereiten. Wenn du mal einen oder zwei Tage überspringst ist das nicht so tragisch - immerhin sind wir alle nur Menschen. Nimm aber deine neuen Lerngewohnheiten sobald wie nur möglich wieder auf! Und jetzt bleibt mir nur noch, dir aufs neue zu sagen: Relaxe, und genieße die Reise! *Rilassati e goditi il viaggio!*

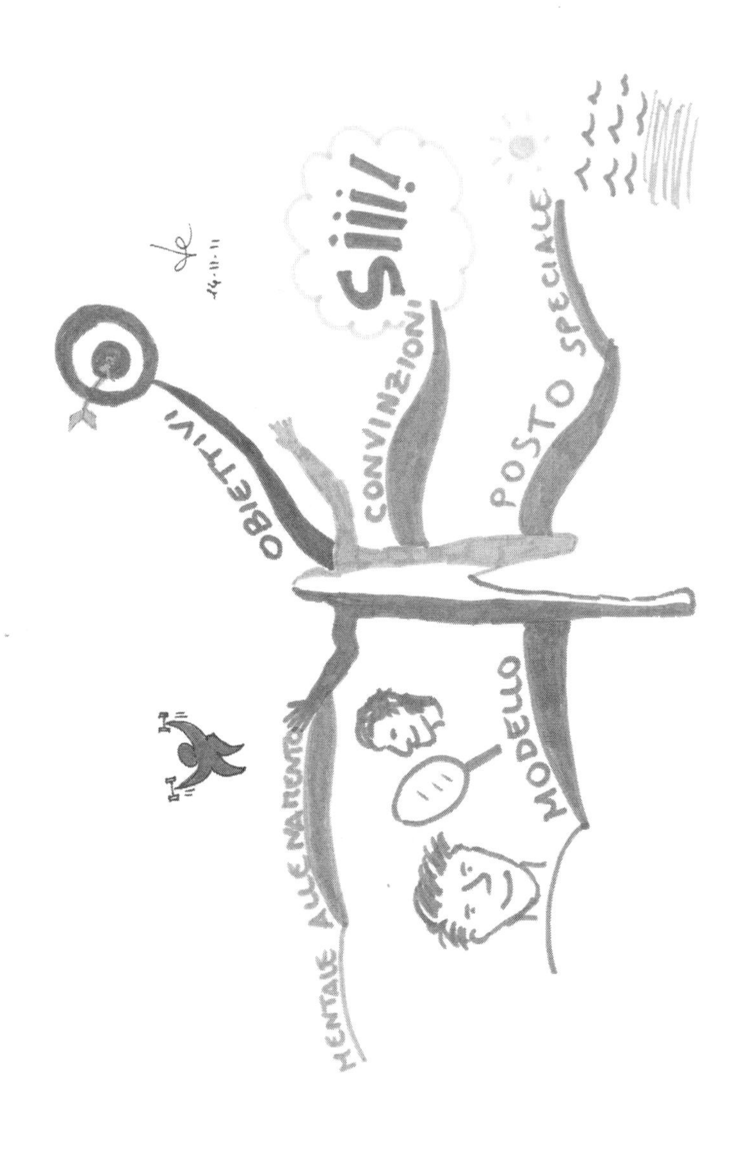
OBIETTIVI
CONVINZIONI
Sììì!
POSTO SPECIALE
MODELLO
MENTALE ALLENAMENTO
14-11-11

!

Domande potenzianti
Machtvolle Fragen

Se mi svegliassi e mi scoprissi a parlare l'italiano perfettamente, quale sarebbe la prima cosa che farei?

Wenn ich aufwachen würde und entdecken würde, dass ich auf einmal perfekt Italienisch sprechen könnte, was wäre das erste was ich dann tun würde?

Cosa farei di diverso se sapessi cosa fare per migliorare ancora di più il mio italiano?

Was würde ich anders machen, wenn ich wüsste, womit ich mein Italienisch noch weiter verbessern könnte?

Qual è la cosa migliore che può succedere per me e il modo in cui parlo l'italiano?

Was wäre das beste, was mir und meinem Italienisch passieren könnte?

Se sognassi in italiano, cosa sognerei?

Wenn ich auf Italienisch träumen könnte, was würde ich dann träumen?

Se sogno già in italiano, cosa sogno?

Wenn ich bereits auf Italienisch träume, was träume ich?

Come ho fatto a diventare così bravo [brava] con l'italiano?

Wie habe ich es geschafft, so gut Italienisch zu sprechen wie ich es jetzt schon spreche?

Quale domanda potrei pormi per migliorare ancora di più il mio italiano?

Welche Frage könnte ich mir stellen, um mein Italienisch noch weiter zu verbessern?

Secondo la mia parte più saggia su cosa dovrei concentrarmi per parlare l'italiano fluentemente?

Wenn es nach den weisesten Teil von mir ginge: auf was dürfte ich mich konzentrieren um noch flüssiger Italienisch zu sprechen?

Cosa posso fare oggi per perfezionare il mio italiano?

Was kann ich heute tun um mein Italienisch zu perfektionieren?

Che cosa è già perfetto nel mio italiano e che non ha bisogno di essere migliorato?

Was ist an meinem Italienisch bereits perfekt und braucht nicht verbessert zu werden?

Come posso migliorare il mio italiano, godendomi tutto ciò che di stupendo ho già?

Wie kann ich mein Italienisch noch weiter verbessern, und dabei gleichzeitig genießen, was daran bereits wunderbar ist?

Come posso esprimere ancora più entusiasmo mentre parlo l'italiano?

Wie kann ich noch mehr Begeisterung zum Ausdruck bringen, wenn ich Italienisch spreche?

Come posso parlare come un madrelingua italiano?

Wie gelingt es mir, Italienisch zu sprechen wie ein Muttersprachler?

© Paul Prescott, Sun rising meditation

“Tutto comincia e finisce nella mente. Corpo e mente non sono due entità separate, come ha creduto Cartesio. Quello è stato un errore madornale di cui ancora oggi paghiamo le conseguenze. Mente e corpo sono integrati e la mente controlla la materia. Su questo non ci sono dubbi. Pensa a una bella donna e il tuo corpo reagisce. Taglia un mango fresco e ti viene l’acquolina in bocca.”

“Alles beginnt und endet mit dem Geist. Körper und Geist sind keine getrennten Wesenheiten, wie etwa Descartes lehrte. Das war ein entscheidender Fehler, an dessen Folgen wir noch heute tragen. Geist und Körper ergänzen sich, und es ist der Geist, der die Materie beherrscht. Daran kann kein Zweifel bestehen. Sie denken an eine schöne Frau, und Ihr Körper reagiert. Sie teilen eine frische Mango, und das Wasser läuft Ihnen im Munde zusammen.”

Tiziano Terzani

madornale

1

Triff eine Entscheidung!

Prendi una decisione!

Lektion eins - zweisprachige Version

Carissimo ascoltatore, carissimo ascoltatrice, lieber Hörer, liebe Hörerin! **Sai che c'è un modo molto più facile per imparare l'italiano?** Weißt du schon, dass es einen viel einfacheren Weg gibt, Italienisch zu lernen? **E io so che tu sai già tutto quello che c'è da sapere su come fare questo, no?** Ich weiß ja, dass du bereits alles darüber weißt, was es zu wissen gibt, nicht wahr? **Ricorda che sei un genio e che puoi raggiungere tutti gli obiettivi che ti prefiggi, anche *risvegliare il tuo italiano.*** Denk dran, dass du ein Genius bist, und dass du alle Ziele erreichen kannst, die du dir setzt: auch das Ziel, dein Italienisch wach zu küssen.

Perciò, mentre assumi una posizione comoda, chiudi gli occhi se questo ti fa stare bene. Also, während du eine bequeme Haltung einnimmst, schließe die Augen, wenn sich das für dich gut anfühlt, **oppure lascia semplicemente che la tua vista si sfochi, fissando un punto in alto davanti a te** - oder lass einfach zu, dass der Fokus deiner Augen verschwimmt, indem du deine Augen auf einem Punkt vor dir ruhen lässt. **E fai qualche respiro profondo per rilassarti. Ecco, così.** Jetzt mache einige tiefe Atemzüge, um dich ganz zu entspannen. Ja, so ist es richtig. **Da qualche parte di fronte a te c'è una lavagna,** dort vorn, vor dir ist eine Tafel, **forse una di quelle nere che si usavano una volta,** vielleicht so eine schwarze Schultafel, wie früher, **oppure una di quelle più moderne, di colore bianco,** oder so eine moderne weiße, ein Whiteboard. **C'è scritto qualcosa nella lavagna, anche se non riesci ancora a leggerlo,** auf der Tafel steht etwas geschrieben, auch wenn du es im Moment noch nicht lesen kannst. **Solo a titolo di conferma, puoi fare un piccolo cenno con la testa ad indicare "sì"**, nur als Bestätigung, kannst du ein klein wenig mit deinem Kopf nicken, um auszudrücken "ja", **oppure puoi pronunciare la parola "sì" per confermare a te stesso [a te stessa] che**

questa volta sei pronto [sei pronta] a imparare l'italiano una volta per tutte, oder du kannst auch das Wort "ja" aussprechen, um dir selbst zu versichern, dass du dieses mal wirklich bereit bist, Italienisch zu lernen, und das ein für alle mal.

Adesso su quella lavagna, che non riesci ancora a leggere, c' è una data, un giorno, un mese e un anno, auf dieser Tafel, die du noch nicht lesen kannst, steht ein Datum: ein Tag, ein Monat und ein Jahr. **Questa è la data in cui sarai sorpreso [sarai sorpresa] di scoprire quanto bene parli l'italiano,** das ist das Datum, an dem du überrascht sein wirst, wenn du entdeckst, wie gut du schon italienisch sprichst. **Da questa data in poi tu sarai in grado di parlare l'italiano perfettamente e lo farai per il resto della tua vita,** von diesem Datum ab wirst du in der Lage sein, perfekt Italienisch zu sprechen, und das wird für den Rest deines Lebens so bleiben. **Questa è la tua data, il tempo che tu hai deciso...** Dies ist dein Datum, die Zeit, für die du dich entschieden hast... **E puoi tenere questa data segreta,** du kannst dieses Datum geheim halten, **conservandola da qualche parte nella tua mente,** es aufbewahren in deinem Gedächtnis. **Nessun altro ha bisogno**

di conoscerla, niemand muss davon wissen. **È la tua decisione ed è solo tua,** das ist ganz allein deine Entscheidung. **E, sai, oppure no, che tu puoi e farai questo?** Und weißt du es sicher, oder eher nicht, dass du es tun kannst und tun wirst? **Di nuovo, solo per confermare, fai un cenno con la tua testa,** nochmal, nicke mit dem Kopf "ja" zur Bestätigung, **per farmi sapere che tu sai dentro di te che hai preso questo impegno,** damit ich weiß dass du in dir diesen Entschluss gefasst hast. **Questa decisione interna,** diese innere Entscheidung, **per raggiungere questo obiettivo per la data che tu hai scelto,** das Ziel zu erreichen, bis zu dem Datum, das du dir ausgesucht hast. **Fai un cenno con la testa ora,** nicke jetzt mit dem Kopf. **Grazie,** danke.

Prenditi qualche minuto per consolidare quello che hai fatto per te stesso [per te stessa], erlaube dir ein paar Minuten, damit sich in dir festigt, was du eben für dich getan hast. **E quando sei pronto [sei pronta], puoi fare un respiro profondo o due, stirarti, e tornare qui e ora...** Und wenn du soweit bist, atmest du ein oder zweimal tief ein und aus, streck dich, und komm wieder zurück ins Hier und Jetzt. **Grazie,** Danke.[3]

---

[3] Bearbeitung von Battino (2006), realisiert mit der schriftlichen Genehmigung des Autors.

Triff eine Entscheidung!

Lezione uno – Il tuo coach personale

Lektion ~~zwei~~ eins – dein ganz persönlicher Coach

Come puoi crearti un obiettivo intelligente?

Wie setzt du dir ein intelligentes Ziel?

Per farlo è importante che tu abbia le idee chiare su ciò che realmente vuoi. Quanto bene vuoi parlare l'italiano? In che cosa vuoi essere migliore?

Um dir ein intelligentes Ziel zu setzen, ist es wichtig, dass du eine klare Vorstellung hast von dem, was du tatsächlich willst. Wie gut möchtest du Italienisch sprechen? In was genau möchtest du dich verbessern?

Un altra cosa utile è poter misurare i tuoi progressi, perciò un diario in cui scrivi i successi raggiunti è molto utile.

Eine weiterer sinnvoller Punkt ist es, deinen Fortschritt messen zu können. Ein nützliches Hilfsmittel hierfür ist ein Lerntagebuch, in das du deine erreichten Fortschritte einträgst.

Devi creare un obiettivo che sia attraente per te. Cosa te ne viene a parlare l'italiano molto bene? Quali sono i vantaggi che otterrai una volta raggiunto il tuo obiettivo?
Du darfst ein Ziel definieren, das sehr begehrenswert für dich ist. Was genau bringt es dir, sehr gut Italienisch sprechen zu können? Was genau sind die Vorteile, wenn du dein Ziel einmal erreicht haben wirst?

Il tuo obiettivo deve essere una sfida per te e anche qualcosa che rientra nelle tue possibilità, quindi realizzabile.
Dein Ziel sollte eine Herausforderung für dich darstellen, aber schon innerhalb deiner Möglichkeiten liegen, also realisierbar sein.

Avere una data entro cui il tuo obiettivo sarà realizzato è l'ultima caratteristica che rende il tuo obiettivo intelligente. E tu hai già scelto una data, grazie a questa lezione, vero?
Das letzte Merkmal eines intelligenten Ziels ist ein fixes Datum, bis zu dem du es realisiert haben wirst. Und ein Datum hast du ja dank dieser Lektion bereits festgelegt, nicht wahr?

Prendi una decisione!

Lezione uno – Solo italiano

Carissimo ascoltatore [Carissima ascoltatrice], sai che **c'è un modo molto più facile per imparare l'italiano**? E io so che tu **sai** già tutto quello che c'è da sapere su **come fare questo**, no? Ricorda che sei un genio e che puoi raggiungere tutti gli obiettivi che ti prefiggi, anche **risvegliare il tuo italiano.**

Perciò, mentre assumi una posizione comoda, chiudi gli occhi se questo ti fa stare bene, oppure lascia semplicemente che la tua vista si sfochi, fissando un punto in alto davanti a te. E fai qualche respiro profondo per rilassarti. Ecco, così. Da qualche parte di fronte a te **c'è una lavagna**, forse una di quelle nere che si usavano una volta, oppure una di quelle più moderne, di colore bianco. **C'è scritto qualcosa** nella lavagna, anche se non riesci ancora a leggerlo. Solo a titolo di conferma, **puoi fare un piccolo cenno** con la testa ad indicare "sì", oppure puoi pronunciare la parola "sì" per confermare a te stesso [a te stessa] che questa volta **sei pronto [sei pronta] a imparare l'italiano una volta per tutte.**

Adesso su quella lavagna, che non riesci ancora a leggere, c' è una data, un giorno, un mese e un anno. Questa è la data in cui sarai sorpreso [sarai sorpresa] di scoprire quanto bene parli l'italiano. **Da questa data in poi tu sarai in grado di parlare l'italiano perfettamente e lo farai per il resto della tua vita.** Questa è la tua data, il tempo che tu hai deciso... E puoi tenere questa data segreta, conservandola da qualche parte nella tua mente. Nessun altro ha bisogno di conoscerla. È la tua decisione ed è solo tua. E, sai, oppure no, che tu **puoi e farai questo**? Di nuovo, solo per confermare, fai un cenno con la tua testa, per farmi sapere che tu sai dentro di te che **hai preso questo impegno**, questa decisione interna, per **raggiungere questo obiettivo per la data che tu hai scelto.** Fai un cenno con la testa ora. Grazie.

Prenditi qualche minuto per consolidare quello che hai fatto per te stesso [per te stessa]... E quando sei pronto [sei pronta], puoi fare un respiro profondo o due, stirarti, e tornare qui e ora... Grazie![4]

---

[4] Adattamento da Battino (2006), realizzato con il permesso scritto dell'autore.

Lezione uno – Le domande

Rispondi in italiano:

Antworte auf Italienisch:

Cosa fai per rilassarti (in questa lezione)?

Was tust du (in dieser Lektion), um dich zu entspannen?

Cosa c'è davanti a te che all'inizio non riesci a leggere?

Was befindet sich vor dir, was du zu Anfang nicht lesen kannst?

Di che colore è la cosa della domanda precedente?

Welche Farbe hat der Gegenstand aus der vorigen Frage?

Cosa fai con la testa per indicare "sì"?

Was machst du mit dem Kopf, um "ja" auszudrücken?

Cosa c'è scritto sulla lavagna?

Was steht auf der Tafel geschrieben?

Cosa saprai fare dopo quello che c'è scritto sulla lavagna?

Was wirst du tun können nach dem, was auf der Tafel geschrieben steht?

È necessario che gli altri conoscano la data?

Sollten die anderen das Datum kennen?

Come si dice in italiano “puoi stirarti”?

Wie sagt man auf Italienisch: “puoi stirarti”?

Pillole di grammatica

Grammatik-Häppchen

"Lascia che la tua vista si sfochi"

"Lass zu, dass dein Blick unscharf wird"

In Italia c'è una canzone molto famosa del noto cantautore NEK (pseudonimo di Filippo Neviani), il cui titolo è: "Lascia che io sia**".**

Es gibt in Italien ein sehr berühmtes Lied des bekannten Singer-Songwriters "Nek" (mit bürgerlichem Namen Filippo Neviani) mit dem Titel "Lascia che io sia", also etwa "Lass mich sein".

Anche NEK nella sua canzone usa il CONGIUNTIVO, un modo verbale che anche molti italiani dimenticano, ma che in alcuni casi dovrebbe essere usato.

Auch Nek benutzt in seinem Lied den Konjunktiv, eine Verbform, die selbst bei vielen Italienern dabei ist, in Vergessenheit zu geraten, die aber in manchen Fällen richtigerweise gebraucht werden sollte.

Infatti, dopo il verbo "lasciare" si usa il CONGIUNTIVO. Ecco perché si dice: lascia che io sia, lascia che la tua vista si sfochi.

Tatsächlich folgt nach dem Verb lascia der Konjunktiv. Daher heißt es: lascia che io sia, lascia che la tua vista si sfochi.

2

Dein besonderer Ort

Il tuo posto speciale

Lektion zwei - zweisprachige Version

Tra poco ti chiederò di andare, nella tua mente, nel tuo posto preferito per rilassarti, in einer Weile werde ich dich bitten, in deiner Phantasie zu deinem besonderen Ort zu gehen, an dem du dich entspannen kannst. **Può trattarsi del tuo paesaggio preferito,** das kann eine Landschaft sein, die dir besonderes gefällt, **un posto nella natura con il quale puoi connetterti facilmente,** (oder) ein Ort in der Natur, mit dem du dich verbunden fühlst. **Non importa se puoi o non puoi visualizzarlo chiaramente**, es macht keinen Unterschied, ob du ihn genau vor deinem inneren Auge sehen kannst oder nicht, **è la sensazione collegata al posto che ha più importanza,** es ist das Gefühl, das dich mit diesem Ort verbindet, was zählt. **Si dice che ci si senta bene quando ci ricongiungiamo con la natura,** man sagt, dass wir uns wohlfühlen, wenn wir uns mit der Natur verbinden. **Forse per te questo posto è un prato,** vielleicht ist für dich dieser Ort eine Wiese, **o potrebbe essere una spiaggia o la cima di una montagna,** oder ein Strand oder ein Berggipfel. **Oppure è un posto totalmente diverso,** vielleicht ist es auch ein ganz anderer Ort, **che conosci solo tu e nessun altro,** den nur du kennst und niemand sonst. **Puoi chiudere gli occhi se lo vuoi, per vederlo ancora meglio,** du kannst deine Augen schließen um ihn noch besser wahrzunehmen. **Nel tuo posto speciale l'aria è così fresca che vuoi fare un respiro profondo...** An deinem besonderen Ort ist die Luft so frisch, dass du einen tiefen Atemzug nehmen willst... **E appena lo fai ti senti già più rilassato [più rilassata],** und sobald du diesen tiefen Atemzug genommen hast bist du schon viel entspannter...

Una volta che hai scelto il tuo posto del potere, wenn du deinen Kraftort einmal gewählt hast, **vedi quello che puoi vedere in questo posto,** siehst du, was es an diesem Ort zu sehen gibt. **Ascolta quello che puoi ascoltare in questo posto,** du hörst (höre) was man hören kann an diesem Ort; **e prova le**

sensazioni che solo tu puoi provare in questo posto; und fühle Dinge, die nur du an diesem Ort fühlen kannst. **È il tuo posto, quello che conosci molto bene e dove ti senti a tuo agio,** Es ist dein Ort, den du sehr gut kennst und wo du dich wohl fühlst... **Eppure, ogni volta che ci ritorni ti senti sempre curioso [ti senti sempre curiosa] di scoprire tutto quello che c'è intorno a te,** trotzdem, jedesmal wenn du hier her zurück kommst bist du neugierig auf all die Dinge, die es hier zu entdecken gibt. **È un sollievo avere un posto in cui andare dove ti senti al sicuro, vero?** Was für eine Erleichterung, einen Ort zu haben, an dem man sich sicher und geborgen fühlt, nicht wahr? **Un posto dove puoi ricaricarti e stare bene,** ein Ort, an dem du Kraft tanken kannst und dich einfach nur gut fühlst. **Puoi trascorrerci tutto il tempo che vuoi,** du kannst hier so lange bleiben wie du willst. **Infatti qui il tempo funziona diversamente,** tatsächlich ist die Zeit hier eine andere. **Forse un minuto qui dentro vale come dieci fuori da qui,** eine Minute hier drin zählt vielleicht zehn Minuten im normalen Leben. **O anche di più,** oder noch mehr. **Dopotutto è il tuo posto speciale e sei tu a deciderne le regole,** es ist dein eigener besonderer Ort, und du bestimmst, welche Regeln hier gelten.

Qui hai tutto il tempo che vuoi, hier hast du alle Zeit der Welt. **E puoi avere tutto ciò che ti fa piacere avere,** und hier kannst du alles haben was dir Freude macht zu haben. **Infatti, c'è un oggetto che attira la tua attenzione,** und wirklich, da ist ein Gegenstand, der deine Aufmerksamkeit auf sich zieht. **È una cosa solo tua,** es ist etwas, was nur dir gehört, **qualcosa di speciale che ti fa ritornare in uno stato di gioia, curiosità e sicurezza,** etwas ganz besonderes, dass dich zurückkehren lässt in einen Zustand von Freude, Neugier und Zuversicht. **Avvicinati a questo oggetto e guardalo con attenzione;** nähere dich dem Gegenstand und betrachte ihn aufmerksam; **toccalo se puoi,** berühre ihn, wenn du kannst; **e senti se fa qualche rumore particolare,** und horch, ob es irgendwelche besonderen Geräusche macht.

Ogni volta che vorrai provare gioia, sicurezza e curiosità, jedes mal, wenn du dieses Gefühl von Freude, Zuversicht und Neugier erleben willst, **ti basterà ripensare velocemente al tuo oggetto speciale nel tuo posto speciale,** reicht es, wenn du kurz an deinen besonderen Gegenstand an deinem besondern Ort denkst.

Quando senti di aver trascorso abbastanza tempo nel tuo posto speciale, wenn du das Gefühl hast, dass du lange genug an deinem besonderen Ort warst, **puoi ritornare qui ed ora,** kannst du zurückkehren ins Hier und Jetzt, **portando con te le tue sensazioni di calma, gioia, curiosità e sicurezza,** und bringst dabei diese Gefühle von Ruhe, Freude, Neugierde und Zuversicht mit. **Quando ti senti pronto [quando ti senti pronta] puoi aprire gli occhi, guardarti intorno e fissare un qualsiasi oggetto nel posto in cui ti trovi ora,** wenn du dich dazu bereit fühlst, öffne deine Augen, schau dich um, und richte deinen Blick auf irgend einen Gegenstand, der sich dort befindet, wo du jetzt bist, **un oggetto che ti permette di ritornare qui ed ora,** einen Gegenstand, der dir erlaubt, zurück zu kehren ins Hier und Jetzt. **Alla fine stirati e fai qualche bel respiro veloce e profondo,** zum Schluss recke und strecke dich, und mach einige schnelle, tiefe Atemzüge[5].

---

[5] Bearbeitung der Technik der besvorzugten Landschaft, wie in Barzakov (1991). Realisiert mit der schriftlichen Genehmigung des Autors. Du kannst Ivan Barzakov erreichen am Barzak Educational Institute International - OptimaLearning Programs - 415 898 0013 – barzak@optimalearning.com

Dein besonderer Ort

Lezione due – Il tuo coach personale

Tutti noi abbiamo delle convinzioni su cosa possiamo o non possiamo fare.
Jeder von uns hat seine Überzeugungen über das, was er kann oder auch nicht kann.

Anche tu hai delle convinzioni sulla tua abilità di imparare l'italiano. E posso dimostratelo, ponendoti una semplice domanda. Pensi che sarai in grado di parlare l'italiano come un italiano madrelingua?
Auch du hast deine Überzeugungen, wenn es um deine Fähigkeit geht, italienisch zu lernen. Das kann ich dir gleich zeigen, indem ich dir eine ganz einfache Frage stelle: glaubst du, dass du Italienisch sprechen kannst, als wenn es deine Muttersprache wäre?

Qualunque sia la tua risposta, questa è una convinzione. Per verificare le tue convinzioni, prenditi qualche minuto per scrivere su un foglio tutto ciò che pensi a proposito di te e la tua abilità di parlare in italiano.
Wie immer deine Antwort aussehen mag: sie drückt deine Überzeugung aus. Um deine Überzeugungen zu überprüfen,

nimmt dir am besten einige Minuten Zeit, Papier und Stift und schreib alles auf, was du über dich und deine Fähigkeit zum Italienisch sprechen denkst.

Alla fine, se ci sono delle convinzioni negative, chiediti: è davvero così? Ti ricordi di qualche volta in cui hai imparato qualcosa di nuovo e hai avuto successo divertendoti?
Am Ende, wenn es um negative Überzeugungen geht, dann frag dich: ist das wirklich so? Vielleicht erinnerst du dich ja, dass du auch schon erfolgreich Neues gelernt hast und Spaß dabei hattest?

In più, scrivendo, puoi rispondere alle tue convinzioni negative con dei messaggi positivi.
Außerdem kannst du, während du schreibst, auf deine negativen Überzeugungen mit positiven Aussagen antworten.

Ecco un esempio di come potresti lavorare sulle tue convinzioni. Puoi farlo in italiano o in tedesco a seconda del tuo livello. È davvero importante che tu lo faccia!
Hier ein Beispiel, wie du mit deinen Überzeugungen arbeiten kannst. Du kannst das auf Italienisch tun oder auch auf

Deutsch, je nach deinem Sprachniveau, aber es ist wirklich wichtig, dass du es tust!

Convinzioni negative

Negative Überzeugungen

Finora non riuscivo a parlare bene.

Bis jetzt konnte ich nicht gut sprechen.

Risposte positive

Positive Antworten

Ma posso imparare adesso!

Aber ich kann es jetzt lernen!

Il tuo posto speciale

Lezione due – Solo italiano

Tra poco ti chiederò di andare, nella tua mente, nel tuo posto preferito per rilassarti. Può trattarsi del tuo paesaggio preferito, **un posto nella natura** con il quale puoi connetterti facilmente. Non importa se puoi o non **puoi visualizzarlo chiaramente**; è **la sensazione** collegata al posto che **ha più importanza**. Si dice che ci si senta bene quando **ci ricongiungiamo con la natura**. Forse per te questo posto è un prato; o potrebbe essere una spiaggia o la cima di una montagna. Oppure è un posto totalmente diverso, che conosci solo tu e nessun altro. Puoi chiudere gli occhi se lo vuoi, per vederlo ancora meglio. **Nel tuo posto speciale l'aria è così fresca che vuoi fare un respiro profondo...** E appena lo fai ti senti già più rilassato [più rilassata].

Una volta che hai scelto il tuo posto del potere, **vedi** quello che puoi vedere in questo posto. **Ascolta** quello che puoi ascoltare in questo posto; e **prova le sensazioni** che solo tu puoi provare in questo posto. È il tuo posto, quello che conosci molto bene e dove ti senti a tuo agio... Eppure, ogni volta che ci ritorni **ti senti sempre curioso [ti senti sempre curiosa]** di scoprire tutto quello che c'è intorno a te. È un sollievo avere un posto in cui andare dove ti senti al sicuro, vero? Un posto dove puoi ricaricarti e stare bene. Puoi trascorrerci tutto il tempo che vuoi. Infatti qui il tempo funziona diversamente. Forse un minuto qui dentro vale come dieci fuori da qui. O anche di più. Dopotutto **è il tuo posto speciale e sei tu a deciderne le regole.**

Qui hai tutto il tempo che vuoi. E puoi avere tutto ciò che ti fa piacere avere. Infatti, c'è un oggetto che attira la tua attenzione. È una cosa solo tua, qualcosa di speciale che ti fa ritornare in uno stato di **gioia, curiosità e sicurezza**. Avvicinati a questo oggetto e guardalo con attenzione; toccalo se puoi; e senti se fa qualche rumore particolare.

Ogni volta che vorrai provare **gioia, sicurezza e curiosità**, ti basterà ripensare velocemente al tuo oggetto speciale nel tuo posto speciale.

Quando senti di aver trascorso abbastanza tempo nel tuo posto speciale, puoi ritornare qui ed ora, portando con te le tue sensazioni di **calma, gioia, curiosità e sicurezza**. Quando ti senti pronto [quando ti senti pronta] puoi aprire gli occhi, guardarti intorno e fissare un qualsiasi oggetto nel posto in cui ti trovi ora, un oggetto che ti permette di ritornare qui ed ora. Alla fine stirati e fai qualche bel respiro veloce e profondo[6]

[6] Adattamento dalla tecnica del paesaggio preferito, come in Barzakov (1991). Realizzato con il permesso scritto dell'autore. Puoi raggiungere Ivan Barzakov Ph.D. presso il Barzak Educational Institute International - OptimaLearning Programs - 415 898 0013 – barzak@optimalearning.com

Lezione due – Le domande

Rispondi in italiano:

Antworte auf Italienisch:

Qual è il tuo posto speciale?

Welches ist dein besonderer Ort?

Cosa vedi, ascolti o provi nel tuo posto speciale?

Was siehst du, was hörst du oder empfindest du an deinem besonderen Ort?

Come funziona il tempo nel tuo posto speciale?

Wie funktioniert die Zeit an deinem besonderen Ort?

Qual è il tuo oggetto speciale?

Was ist dein besonderer Gegenstand?

Cosa ti dà questo oggetto speciale?

Was gibt dir dein besonderer Gegenstand?

Cosa riporti con te quando esci dal tuo posto speciale?

Was nimmst du mit, wenn du deinen besonderen Ort verlässt?

Pillole di grammatica

"Si dice che ci si senta bene..."

"Es heisst, dass man sich dort wohl fühle... "

Nota queste due frasi:

Schau dir diese beiden Sätze an:

1) "Come **ti senti** quando c'è il sole?"

2) "Come **ci si sente** quando c'è il sole?"

Cosa noti? Prova a rispondere tu prima di continuare a leggere.

Was fällt dir auf? Versuch, es selbst zu beantworten, bevor du weiter liest.

Entrambe le frasi usano il VERBO RIFLESSIVO "sentirsi", ma la seconda è impersonale, cioè è una frase generica che potrebbe essere anche così:

Beide Sätze gebrauchen das reflexive (rückbezügliche) Verb "sentirsi" ("sich fühlen"), aber der zweite Satz ist unpersönlich, also ein generischer Satz, der auch so heißen könnte:

"Come si sente uno quando c'è il sole?"

Quando una FRASE IMPERSONALE contiene un VERBO RIFLESSIVO, normalmente si aggiunge "ci" prima del verbo riflessivo stesso.

Wenn ein unpersönlicher Satz ein reflexives Verb enthält, wird in der Regel ein "ci" vor das reflexive Verb eingefügt.

Perché nel testo c'è scritto "Si dice che ci si senta bene…"**?**
Cosa ne pensi?

Warum steht wohl ein dem Text "si dice che ci si senta bene…?" *Was glaubst du?*

"Si dice" **è un'espressione che vuole il CONGIUNTIVO, ecco perché ho scritto:**

"Si dice" *ist eine Konstruktion, die den Konjunktiv verlangt. Deshalb habe ich geschrieben:*

"Si dice che ci si senta bene".

3

Du von deiner besten Seite

Quando sei al tuo meglio

Lektion drei – Zweisprachige Version

A questo punto del corso sai come ritornare nel tuo posto speciale per rilassarti, mittlerweile weißt du ja, wie du an deinen besonderen Ort gelangen kannst um zu entspannen, **perciò ritorniamo lì adesso,** also komm, gehen wir jetzt wieder dort hin... **Chiudi gli occhi ,** schließ deine Augen. **Senti l'aria fresca che si respira nel tuo posto speciale,** spüre die frische Luft, die du an deinem besonderen Ort atmen kannst; **e fai un bel respiro profondo,** und nimm einen ganz tiefen Atemzug. **Vedi quello che puoi vedere,** schaue was du sehen kannst, **ascolta quello che puoi ascoltare,** höre was du dort hören kannst; **e prova le sensazioni che puoi provare nel tuo**

posto speciale, und spüre die Gefühle deines besonderen Ortes. **Avvicinati al tuo oggetto speciale e senti dentro di te la gioia, la curiosità e la sicurezza,** nähere dich deinem besonderen Gegenstand und empfinde in dir Freude, Neugier und Zuversicht. **Ti muovi un po' a scoprire se c'è qualcos'altro da scoprire, oppure qualcun altro,** du bewegst dich ein wenig, hin und her, um herauszufinden, ob es noch mehr Dinge, oder vielleicht jemand anderen, zu entdecken gibt. **E infatti davanti a te vedi una persona,** und in der Tat, du siehst vor dir eine Person, **che ti assomiglia molto,** die dir sehr ähnlich ist. **È un altro te [è un'altra te],** es ist ein anderes Du. **Sì, proprio un altro te [un'altra te] che ti guarda e ti sorride,** ja, wirklich, es ist ein anderes Du, das dich ansieht und dich anlächelt. **È un te speciale [è una te speciale],** es ist ein besonderes Du... **Sei tu quando sei al tuo meglio!** Es bist du von deiner besten Seite!

E come sei quando sei al tuo meglio? Und wie bist du von deiner besten Seite? **Pensa per un momento a tutto ciò che sai fare,** denk einen Moment an all das, was du gut kannst, **a tutto ciò che sei quando sei al tuo meglio,** an all das, was deine beste Seite ausmacht. **A tutte le tue esperienze positive,** denk an all deine guten Erfahrungen, **alle tue risorse,**

an deine Ressourcen, **a quelle che ti fanno dire,** an all das, was dich ausrufen lässt: **wow, oggi sono proprio al mio meglio,** das bin ich (heute) wirklich von meiner besten Seite. **Pensa a tutte queste cose positive ora,** denk jetzt an all diese positiven Dinge. **E vedile nel te stesso [nella te stessa] che si trova davanti a te ora,** und sieh sie in dem Du, was gerade vor dir steht... **Mentre fai questo, io starò in silenzio per un minuto,** während dem du das tust, werde ich für eine Minute schweigen.

Quindi... Ora nel tuo posto speciale siete in due, also, ihr seid jetzt zu zweit an deinem besonderen Ort; **ci sei tu e c'è un altro te [e c'è un'altra te], il te al tuo meglio [la te al tuo meglio],** du bist da, und dann das andere Du, das Du von deiner besten Seite. **Sai che tutto è possibile nella tua immaginazione?** Du weißt doch, dass in deiner Vorstellung alles möglich ist? **Proprio tutto,** wirklich alles. **Infatti adesso, mentre ti trovi nel tuo posto speciale,** und wirklich, jetzt während du an deinem besonderen Ort bist, **quello che hai scelto proprio tu,** den du dir selbst ausgesucht hast, **puoi guardare negli occhi l'altro te stesso [l'altra te stessa],** kannst du deinem anderen Du in die Augen sehen, **e mentre entrambi sorridete,** und während ihr euch anlächelt, **lo vedi**

[la vedi] che si trasforma in una tuta, siehst du, wie es sich in einen Overall verwandelt ... **Proprio così, una tuta,** genau, in einen Overall, **il capo d'abbigliamento in cui si fa sport,** so einen, wie man ihn zum Sport anzieht. **Ti avvicini,** du gehst näher, **e tre, due, uno,** und drei, zwei, eins... **Indossi il te stesso [la te stessa] al tuo meglio,** schlüpfst du hinein, hinein in das Du von deiner besten Seite. **E ti senti proprio bene ad essere al tuo meglio,** du fühlst dich wirklich gut, so von deiner besten Seite, **con tutte le risorse positive e le caratteristiche che tu sai di avere quando sei al tuo meglio,** mit all den positiven Ressourcen und Eigenschaften, die du von deiner besten Seite hast. **E noti come tutto ti sembra più bello quando lo guardi attraverso questi occhi,** und du bemerkst, dass alles viel schöner aussieht, wenn du durch dieses Augen schaust, **che sono gli occhi di te stesso [di te stessa] al tuo meglio,** durch die Augen von dir von deiner besten Seite.

Goditi queste sensazioni per tutto il tempo che vuoi, genieße diese Empfindungen, so lange du magst. **Puoi continuare ad indossare il te stesso [la te stessa] al tuo meglio per tutto il tempo che desideri,** du kannst mit dem Du von deiner besten Seite bekleidet bleiben solange du willst... **E per ricordarti le sensazioni che provi ora,** und damit du dich an die Gefühle zurückerinnern kanst, die du jetzt gerade empfindest, **ti basterà ripetere mentalmente una parola a tua scelta,** brauchst du nur ein Wort oder einen Ausdruck zu wiederholen, das du dir jetzt dafür aussuchst. **Per esempio: meglio!** Zum Beispiel: das Beste! **Oppure puoi visualizzare un'immagine o fare un gesto che normalmente non fai,** oder du kannst auch ein Bild vor dein inneres Auge holen oder eine Geste machen, die du normalerweise nicht machst. **Decidi tu!** Du entscheidest!

Adesso, preparati a ritornare qui e ora, so, jetzt bereitest du dich darauf vor, ins Hier und Jetzt zurückzukehren, **riportando con te le caratteristiche che tu hai quando sei al tuo meglio,** mit all den Eigenschaften die du von deiner besten Seite hast. **E per farlo, conta insieme a me da uno a dieci,** zähle dazu gemeinsam mit mir von eins bis zehn. **Al dieci, ti basterà aprire gli occhi,** bei zehn darfst du deine Augen öffnen, **stirarti un pochino,** dich etwas strecken, **e respirare un po' più velocemente per essere sveglio [sveglia], pieno di energia [piena di energia] e ancora più bravo con l'italiano [e ancora più brava con l'italiano],** und einige schnellere Atemzüge nehmen, um wach zu sein, voller Energie, und noch besser Italienisch zu können. **Uno, due, tre, quattro, cinque.** Eins, zwei drei vier fünf. **Ricorda: al dieci ti sentirai sveglio [sveglia], pieno di energia [piena di energia],** denk daran: bei “zehn” wirst du wach sein und voller Energie, **e ancora più bravo con l'italiano [e ancora più brava con l’italiano]**, und noch besser Italienisch können. **Sei, sette, otto, nove, dieci...** Sechs, sieben, acht, neun. zehn... **Apri gli occhi,** öffne die Augen, **fai qualche respiro veloce,** atme etwas schneller, **stirati un pochino,** streck dich ein bißchen.

Sei sveglio [sei sveglia], pieno di energia [piena di energia], al tuo meglio e ancora più bravo con l'italiano [e ancora più brava con l’italiano], du bist wach, voller Energie, von deiner besten Seite, und du kannst noch besser Italienisch!
Congratulazioni! Glückwunsch![7]

---

[7] Lektion inspiriert durch Wenger und Poe (2004).

RISORSE
WOW
ESPERIENZE
2000
2005
QUANDO
SEI
AL
TUO
INDOSSARE
15-11-11

Lezione tre – Il tuo coach personale

Hai mai notato che qualche giorno tutto sembra fluire e in altri invece sembra che vada tutto storto?

Hast du das schon einmal bemerkt: an manchen Tagen geht dir alles, was du beginnst, leicht von der Hand und gelingt, und an anderen Tagen scheint es, als ginge einfach alles schief?

Qualche giorno siamo al nostro meglio e altri non lo siamo.

An manchen Tagen sind wir von unserer besten Seite , und an anderen Tagen sind wir es nicht.

In questa lezione è importante che tu ricordi quando sei al tuo meglio. Cosa succede quando lo sei? Cosa fai? In quali stati d'animo sei?

In dieser Lektion ist es wichtig, dass du dich erinnerst, wie du von deiner besten Seite bist. Was passiert, wenn das so ist? Was tust du dann? Wie ist deine geistige Verfassung?

Come puoi ritornare allo stato mentale di quando sei al tuo meglio?

Wie gelingt es dir, in diese Verfassung "von deiner besten Seite" zurückzukehren, ?

Usa la tua memoria e ricorda una volta in cui hai avuto un grande successo. Potrebbe essere un momento sportivo, oppure una volta in cui hai risolto brillantemente un problema; oppure una volta in cui sei stato bravissimo [bravissima] ad un esame.
Nutze dein Gedächtnis, und erinnere dich daran, wie du dich gefühlt hast als du richtig erfolgreich warst. Das kann ein Moment im Sport sein, oder als du ein Problem brillant gelöst hast, oder als du eine Prüfung so hervorragend bestanden hast.

Ricordati tutto quello che puoi ricordare del tuo momento di successo. Cosa vedevi in quel momento? Ricrea la scena mentalmente. Cosa sentivi? Ricrea i suoni e le parole. Che sensazioni provavi? Ricrea le sensazioni e le emozioni. Usa tutti i tuoi sensi e ricorda più dettagli che puoi.
Erinnere dich an alles, was dir von solchen Momenten einfällt.. Was hast du in diesem Moment gesehen? Hol dir die Szene lebhaft vor dein inneres Auge. Was hast du gehört? Lass die

Geräusche und die Worte in deiner Erinnerung wiederaufleben. Wie hast du dich gefühlt? Erlebe diese Gefühle noch einmal. Gebrauche all deine Sinne und erinnere so viele Details wie nur möglich.

Proprio quando hai davvero ricordato quel momento di successo e come ti sentivi, pensa ad una parola che ti riporti alla mente tutti i dettagli di quella situazione. Nella lezione viene suggerita la parola "meglio", ma puoi usare qualsiasi altra parola, meno comune è e meglio è, oppure puoi visualizzare un'immagine o potresti addirittura toccare una parte del tuo corpo. In questo modo creeresti quella che in PNL si chiama un'ancora.

Wenn du diesen Moment des Erfolges wirklich wieder aufleben lässt in deinem Inneren, und wie du dich gefühlt hast, dann suche ein Wort, das dich an alle Details dieser Situation erinnert. In der Lektion habe ich dir den Ausdruck "Das Beste" vorgeschlagen, aber du kannst genauso gut jedes andere Wort nehmen, je ungewöhnlicher desto besser, oder du kannst dir ein bestimmtes Bild vor Augen holen oder sogar ein bestimmtes Körperteil von dir berühren. Auf diese Weise kreierst du das, was in der Neurolinguistischen Programmierung (NLP) ein "Anker" genannt wird.

Distraiti per un po' di tempo e poi usa di nuovo la tua ancora. Se tutto è andato bene, dovresti sentirti di nuovo con quelle sensazioni. Altrimenti, riprova a creare la tua ancora in un altro momento. Con la pratica funzionerà!
Konzentriere dich für einen Moment auf etwas anderes, und dann probiere deinen Anker noch einmal aus. Wenn alles gut geklappt hat, dürftest du erneut die gleichen Gefühle empfinden. Wenn es noch nicht gut klappt, probiere es einfach später noch einmal. Mit etwas Übung wird es funktionieren!

Immagina di poter richiamare queste sensazioni prima di un evento importante per te. Come cambierebbe la tua vita?
Stell dir vor, du könntest vor einem Ereignis, das für dich wichtig ist, diese Empfindungen wieder erwecken. Wie würde das dein Leben verändern?

Se vuoi approfondire la tua conoscenza del concetto di ancore, potresti leggere un libro di PNL, come per esempio Introduzione alla PNL di Jerry Richardson, oppure Corso di

PNL: Scelgo la libertà, di Richard Bandler, Alessio Roberti e Owen Fitzpatrick. Ne vale la pena!

Wenn du mehr wissen willst über das Konzept von Ankern, lies ein Buch über NLP - zum Beispiel das Buch von Jerry Richardson: Erfolgreich kommunizieren oder von Richard Bandler, Alessio Roberto und Owen Fitzpatrick: Wähle die Freiheit. Es lohnt sich!

Quando sei al tuo meglio

Lezione tre – Solo italiano

A questo punto del corso sai come ritornare nel tuo posto speciale per rilassarti, perciò ritorniamo lì adesso... Chiudi gli occhi. Senti l'aria fresca che si respira nel tuo posto speciale; e fai un bel respiro profondo. Vedi quello che puoi vedere, ascolta quello che puoi ascoltare; e prova le sensazioni che puoi provare nel tuo posto speciale. Avvicinati al tuo oggetto speciale e senti dentro di te la gioia, la curiosità e la sicurezza. Ti muovi un po' a scoprire se c'è qualcos'altro da scoprire, oppure qualcun altro. E infatti **davanti a te vedi una persona,** che ti assomiglia molto. **È un altro te [è un'altra te].** Sì, proprio un altro te [un'altra te] che **ti guarda e ti sorride. È un te speciale [è una te speciale]... Sei tu quando sei al tuo meglio!**

E come sei quando sei al tuo meglio? **Pensa** per un momento **a tutto ciò che sai fare, a tutto ciò che sei quando sei al tuo meglio... A tutte le tue esperienze positive, alle tue risorse, a quelle che ti fanno dire: wow, oggi sono proprio al mio meglio.** Pensa a tutte queste cose positive ora. E vedile nel te stesso [nella te stessa] che si trova davanti a te ora. Mentre fai questo, io starò in silenzio per un minuto.

Quindi...ora nel tuo posto speciale siete in due; ci sei tu e c'è un altro te [e c'è un'altra te], il te al tuo meglio [la te al tuo meglio]. Sai che tutto è possibile nella tua immaginazione? Proprio tutto. Infatti adesso, mentre ti trovi nel tuo posto speciale, quello che hai scelto proprio tu, puoi guardare negli occhi l'altro te stesso [l'altra te stessa], e mentre entrambi sorridete, lo vedi [la vedi] che si trasforma in una tuta... Proprio così, una tuta, il capo d'abbigliamento in cui si fa sport. Ti avvicini, e tre, due, uno... **Indossi il te stesso [la te stessa] al tuo meglio. E ti senti proprio bene ad essere al tuo meglio, con tutte le risorse positive e le caratteristiche che tu sai di avere quando sei al tuo meglio. E noti come tutto ti sembra più bello** quando lo guardi attraverso questi occhi, che sono gli occhi di te stesso [di te stessa] al tuo meglio.

Goditi queste sensazioni per tutto il tempo che vuoi... **Puoi continuare ad indossare il te stesso [la te stessa] al tuo meglio per tutto il tempo che desideri.** E per ricordarti le sensazioni che provi ora, ti basterà ripetere mentalmente una parola a tua scelta. Per esempio: meglio! Oppure puoi visualizzare un'immagine o fare un gesto che normalmente non fai. Decidi tu!

Adesso, preparati a ritornare qui e ora, riportando con te le caratteristiche che tu hai quando sei al tuo meglio. E per farlo, conta insieme a me da uno a dieci. Al dieci, ti basterà aprire gli occhi, stirarti un pochino, e respirare un po' più velocemente per essere sveglio [sveglia], pieno di energia [piena di energia] e ancora più bravo con l'italiano [e ancora più brava con l'italiano]. Uno, due, tre, quattro, cinque. Ricorda: al dieci ti sentirai sveglio [sveglia], pieno di energia [piena di energia] e ancora più bravo con l'italiano [e ancora più brava con l'italiano]. Sei, sette, otto, nove, dieci... Apri gli occhi, fai qualche respiro veloce, stirati un pochino.

Sei sveglio [sei sveglia], pieno di energia [piena di energia], al tuo meglio e ancora più bravo con l'italiano [e ancora più brava con l'italiano]. Congratulazioni![8]

---

[8] Lezione ispirata da Wenger e Poe (2004).

Lezione quattro – Le domande

Rispondi in italiano:

Antworte auf Italienisch:

C'è qualcun altro nel tuo posto speciale?

Ist dort noch jemand außer dir an deinem besonderen Ort?

Chi c'è?

Wer ist da?

Cosa fa la persona di fronte a te?

Was macht die Person, die vor dir steht?

Come sei quando sei al tuo meglio?

Wie bist du von deiner besten Seite?

In cosa si trasforma la persona che c'è nel tuo posto speciale?

Worin verwandelt sich die Person, die an deinem besonderen Ort ist?

Quale "ancora" hai scelto per richiamare queste sensazioni in qualsiasi momento?

Welchen "Anker" hast du gewählt, um diese Empfindungen jederzeit in dir wachzurufen?

Come ti senti oggi?

Wie fühlst du dich heute?

Pillole di grammatica

"Avvicinati...Vedile...Ti muovi..."

Hai notato che nel testo della lezione c'è scritto:

Hast Du bemerkt: im Text der Lektion habe ich geschrieben:

"Avvicinati"

"Vedile"

Ma:

Aber:

"Ti muovi"

Nei primi due casi c'è un "ordine", un invito a fare qualcosa: è un IMPERATIVO. Il terzo è un presente del verbo riflessivo muoversi.

In den ersten beiden Fällen handelt es sich um eine Anweisung, eine Einladung, etwas zu tun: es sind Imperative. Das dritte ist das Präsens des reflexiven Verbs "muoversi".

Con l'IMPERATIVO normalmente i pronomi personali si aggiungono alla fine del verbo e formano una sola parola. Al PRESENTE invece i pronomi sono prima del verbo.

Beim **Imperativ** werden die Personalpronomen normalerweise an das Ende des Verbs angehängt, sodass sie zu einem einzigen Wort verschmelzen. **Im Präsens** jedoch werden die Pronomen vor das Verb gesetzt.

Von den Besten lernen

Impara dai migliori

Lektion vier – zweisprachige Version

Carissimo ascoltatore [carissima ascoltatrice], lieber Hörer [liebe Hörerin], **sai già come ritornare nel tuo posto speciale per rilassarti,** du weißt ja nun schon, wie du an deinen besonderen Ort gelangst, um dich zu entspannen. **Ritornaci adesso,** geh jetzt dorthin zurück. **Chiudi gli occhi,** schließ deine Augen. **Senti l'aria fresca che si respira nel tuo posto speciale,** spüre die frische Luft, die du an deinem besonderen Ort atmen kannst; **e fai un bel respiro profondo,** und nimm einen ganz tiefen Atemzug. **Vedi quello che puoi vedere,** schaue, was es dort zu sehen gibt, **ascolta quello che puoi ascoltare,** höre was du dort hören kannst; **e prova le sensazioni che puoi provare nel tuo posto speciale,** und spüre die Gefühle deines besonderen Ortes. **Avvicinati al tuo oggetto speciale e senti dentro di te la gioia, la curiosità e la sicurezza,** nähere dich deinem besonderen Gegenstand und empfinde in dir Freude, Neugier und Zuversicht. **Indossa il te stesso al tuo meglio [la te stessa al tuo meglio],** kleide dich in das Du von Deiner besten Seite, **e sentiti davvero al tuo meglio,** und fühl dich wirklich von deiner besten Seite, **con tutte le immagini, i suoni, le sensazioni e le emozioni che questo ti dà**, mit all den Bildern, Geräuschen, Gefühlen und Empfindungen, die das in dir hervorruft!

Ti muovi un po' a scoprire se c'è qualcos'altro da scoprire, oppure qualcun altro, du bewegst dich ein wenig, hin und her, um herauszufinden, ob es noch mehr Dinge, oder vielleicht jemand anderen, zu entdecken gibt. **E vedi che c'è una persona che ti piace molto,** und du siehst eine Person, die du sehr magst, **un uomo o una donna che parlano l'italiano molto bene,** einen Mann oder eine Frau, die sehr gut Italienisch sprechen. **È ovvio, dopotutto questa persona è nata in un paese dove si parla l'italiano,** natürlich, das ist ja klar, immerhin ist diese Person in einem Land geboren, in dem man Italienisch spricht: **in Italia,** in Italien, **ci ha vissuto per**

tutta la sua vita e l'italiano è la sua madrelingua, dort hat sie ihr ganzes Leben verbracht, und Italienisch ist ihre Muttersprache. **È una persona speciale che vuoi prendere come tuo modello per la lingua italiana,** es ist eine ganz besondere Person, die du als dein Vorbild für dein Italienisch nehmen möchtest. **Osserva questa persona,** beobachte die Person. **Come si muove?** Wie bewegt sie sich? **Che posizione assume quando parla l'italiano?** Welche Körperhaltung hat sie, wenn sie Italienisch spricht? **Che aspetto ha?** Wie sieht sie aus? **Che tipo di voce ha?** Was für eine Stimme hat sie? **Profonda o alta?** Eine tiefe oder eine hohe? **Ti piace la sua voce?** Gefällt dir die Stimme? **Quando ascolti questa persona,** wenn du dieser Person zuhörst... **Il tuo modello per l'italiano,** dein Vorbild für dein Italienisch, **parla velocemente o lentamente?** Spricht sie schnell oder langsam? **Concentrati su tutti i dettagli che ti vengono in mente,** konzentriere dich auf alle Details, die dir in den Sinn kommen.

Ecco, questa persona è di fronte a te ora, hier! Die Person steht jetzt vor dir, **ti guarda e ti sorride,** sie schaut dich an und lächelt dir zu. **È felice di vederti,** sie ist sehr glücklich dich zu sehen , **ed è grata perché l'hai scelta come tuo modello per la**

lingua italiana, und sie ist dankbar, dass du sie als dein Vorbild für dein Italienisch ausgewählt hast. **Fai qualche altro passo e avvicinati a questa persona speciale che si trova nel tuo posto speciale,** mach einen paar Schritte auf sie zu und nähere dich der besonderen Person an deinem besonderen Ort. **È il modello che hai scelto tu per l'italiano,** diese Person ist das Vorbild für dein Italienisch, das du dir selbst ausgesucht hast, **ed è felice di aiutarti a diventare più bravo [a diventare più brava] con la lingua italiana,** und sie ist glücklich, dass sie dir helfen kann, noch besser Italienisch zu sprechen. **Ringrazi e mandi un pensiero positivo a questa persona,** du bedankst dich und sendest der Person einen positiven Gedanken... **Gratitudine,** Dankbarkeit, **apprezzamento,** Anerkennung, **gioia,** Freude, **o amore,** oder Liebe, **per esempio,** zum Beispiel.

Ormai sai che tutto è possibile nella tua immaginazione, du weiß ja jetzt, dass in deiner Phantasie alles möglich ist. **Infatti, anche questa persona si trasforma in una tuta da indossare,** und wirklich: auch diese Person verwandelt sich in einen Overall, den du anziehen kannst... **Ti avvicini,** du gehst näher, **e tre, due, uno... Indossi il modello che tu hai scelto per la lingua italiana,** und drei, zwei, eins... Schlüpfst du in dein

Vorbild, dass du dir für dein Italienisch ausgesucht hast. **Cosa vedi attraverso i suoi occhi?** Was siehst du durch ihre oder seine Augen? **Cosa ascolti attraverso le sue orecchie?** Was hörst du durch ihre oder seine Ohren? **Che sensazioni fisiche provi attraverso il suo corpo?** Welche körperlichen Empfindungen hast du in ihrem oder seinem Körper? **Osserva le sensazioni, le immagini e i suoni che ti "saltano" in mente,** beobachte die Empfindungen, die Bilder und die Geräusche, die vor deinem inneren Auge hochkommen. **Passa un po' di tempo a curiosare nel mondo del tuo modello,** verweile für einige Zeit, um dich in der Welt deines Vorbildes umzusehen, **e poi, quando sei pronto [quando sei pronta],** und dann, wenn du soweit bist, **decidi di uscire dalla tuta, riportando con te solo le caratteristiche positive del tuo modello,** entscheidest du dich, den Overall wieder auszuziehen, und du nimmst nur die positiven Eigenschaften deines Vorbildes mit dir, **e solo quelle che sono coerenti con il tuo modo di essere,** und nur die Eigenschaften, die im Einklang mit deinen eigenen Wesenszügen sind. **Appena ti togli la tuta, questa riassume sembianze umane ,** sowie du den Overall ausgezogen hast, nimmt dieser wieder menschliche Züge an: **infatti, è di nuovo il tuo modello positivo per l'italiano,** tatsächlich: es ist wieder dein positives Vorbild für dein Italienisch. **E ti domanda,** er oder sie fragt dich: **"Cosa hai imparato da questa esperienza?** Was hast du aus dieser Erfahrung gelernt?" **Rispondi sinceramente,** du antwortest aufrichtig, **e ringrazia per quello che questa persona speciale ha fatto per te,** und danke der Person für das, was sie für dich getan hat.

Preparati a ritornare qui e ora, (so), jetzt bereitest du dich darauf vor, ins Hier und Jetzt zurückzukehren, **riportando con te le sensazioni positive che ti ha dato questo incontro,** mit all den positiven Empfindungen, die dir diese Begegnung bereitet hat. **E per farlo, conta insieme a me da uno a dieci,** zähle dazu gemeinsam mit mir von eins bis zehn . **Al dieci, ti basterà aprire gli occhi,** bei zehn darfst du deine Augen öffnen, **stirarti un pochino,** dich etwas recken und strecken, **e respirare un po' più velocemente per essere sveglio [sveglia], pieno di energia [piena di energia] e ancora più bravo con l'italiano [e ancora più brava con l'italiano],** und einige schnellere Atemzüge nehmen, um wach zu sein, voller Energie, und noch besser Italienisch zu können. **Uno, due, tre, quattro, cinque.** Eins, zwei, drei, vier, fünf. **Ricorda: al dieci ti sentirai sveglio [sveglia], pieno di energia [piena di energia],**

denk daran: bei “zehn” wirst du wach sein und voller Energie, **e ancora più bravo con l'italiano [e ancora più brava con l’italiano],** und noch besser Italienisch können. **Sei, sette, otto, nove, dieci...** Sechs, sieben, acht, neun, zehn... **Apri gli occhi,** öffne die Augen, **fai qualche respiro veloce,** atme etwas schneller, **stirati un pochino,** streck dich ein bißchen.

Sei sveglio [sei sveglia], pieno di energia [piena di energia], al tuo meglio e ancora più bravo con l'italiano [e ancora più brava con l’italiano], du bist wach, voller Energie, von deiner besten Seite, und du kannst noch besser Italienisch! **Congratulazioni!** Glückwunsch[9].

---

[9] Lezione ispirata da Wenger e Poe (2004).

IMPARA
dai
MIGLIORI
OSSERVA
GRATITUDINE
INDOSSARE
PUBBLICITÀ

Lezione quattro – Il tuo coach personale

Un vecchio proverbio recita: "Dimmi con chi vai e ti dirò chi sei." Vuole dire che le persone con cui decidiamo di passare il tempo contribuiscono a determinare ciò che pensiamo o siamo.

Ein altes Sprichwort sagt, "Sage mir, mit wem du umgehst, so sage ich dir, wer du bist." Das bedeutet, dass die Menschen, mit denen wir uns umgeben, einen großen Einfluss haben auf das, was wir denken und was wir sind.

Stare in compagnia di persone allegre, brillanti e piene di entusiasmo ci fa sentire alla grande. E viceversa.

Die Gesellschaft von glücklichen, gut gelaunten Menschen voller Begeisterung macht, dass wir uns großartig fühlen. Und umgekehrt genau so.

Ecco perché in questa lezione sei invitato [invitata] a fare un bel volo di fantasia e ad "indossare" un modello speciale per il tuo italiano.

Darum bist du in dieser Lektion eingeladen zu einer schönen Phantasiereise, und dazu, dein besonderes Vorbild für dein Italienisch "anzuziehen".

Questa lezione è liberamente ispirata alla tecnica del genio in prestito di Win Wenger e Richard Poe ("Il fattore Einstein").
Diese Lektion ist frei inspiriert nach der Idee des "Geborgten Genie" von Win Wenger and Richard Poe (Der Einstein-Faktor).

Citando dal loro libro:
"Si sceglie un genio come modello e si lascia che la propria coscienza entri simbolicamente nel suo corpo, ottenendo in questo modo il beneficio della prospettiva geniale di quella persona."
Ein Zitat aus ihrem Buch:
"Man wählt ein Genie als Vorbild aus, und dann lässt man sein Bewusstsein symbolisch in dessen Körper eintreten. Auf die Weise kommt man in den Genuss der Vorteile der genialen Perspektive dieser Person."

Uno dei punti che ho voluto assolutamente mantenere nel creare questa lezione è quello del "caldo sentimento di gratitudine" verso il genio da modellare.

Einer der Punkte den ich in jedem Fall in dieser Lektion beibehalten wollte ist das "warme Gefühl der Dankbarkeit" gegenüber dem Vorbild-Genius.

Fabio Marchesi, autore di diversi libri di auto-aiuto, afferma: "Una mente felice e grata genera una realtà più felice e grata".

Fabio Marchesi, Autor verschiedener Selbsthilfe-Bücher, sagt:"Ein glücklicher und dankbarer Geist kreiert eine glücklichere und dankbarere Wirklichkeit."

E tu? Cosa ne pensi?

Und du? Was denkst du darüber?

Impara dai migliori

Lezione quattro – Solo italiano

Carissimo ascoltatore [carissima ascoltatrice], sai già come ritornare nel tuo posto speciale per rilassarti. Ritornaci adesso. Chiudi gli occhi, senti l'aria fresca che si respira nel tuo posto speciale; e fai un bel respiro profondo. Vedi quello che puoi vedere, ascolta quello che puoi ascoltare, e prova le sensazioni che puoi provare nel tuo posto speciale. Avvicinati al tuo oggetto speciale e **senti dentro di te la gioia, la curiosità e la sicurezza.** Indossa il te stesso al tuo meglio [la te stessa al tuo meglio] **e sentiti davvero al tuo meglio,** con tutte le immagini, i suoni, le sensazioni e le emozioni che questo ti dà!

Ti muovi un po' a scoprire se c'è qualcos'altro da scoprire, oppure qualcun altro. E vedi che **c'è una persona che ti piace molto, un uomo o una donna che parlano l'italiano molto bene.** È ovvio, dopotutto questa persona **è nata in un paese dove si parla l'italiano, in Italia,** ci ha vissuto per tutta la sua vita e **l'italiano è la sua madrelingua. È una persona speciale che vuoi prendere come tuo modello per la lingua italiana.** Osserva questa persona. Come si muove? Che posizione assume quando parla l'italiano? Che aspetto ha? Che tipo di voce ha? Profonda o alta? Ti piace la sua voce? Quando ascolti questa persona, il tuo modello per l'italiano, parla velocemente o lentamente? Concentrati su tutti i dettagli che ti vengono in mente.

Ecco, **questa persona** è di fronte a te ora, **ti guarda e ti sorride. È felice di vederti, ed è grata** perché l'hai scelta come tuo modello per la lingua italiana. Fai qualche altro passo e avvicinati a questa persona speciale che si trova nel tuo posto speciale. È il modello che hai scelto tu per l'italiano ed **è felice di aiutarti a diventare più bravo [a diventare più brava] con la lingua italiana. Ringrazi e mandi un pensiero positivo a questa persona... Gratitudine, apprezzamento, gioia, o amore, per esempio.**

Ormai sai che tutto è possibile nella tua immaginazione. Infatti, anche questa persona si trasforma in una tuta da indossare... Ti avvicini e tre, due, uno... Indossi il modello che tu hai scelto per la lingua italiana. Cosa vedi attraverso i suoi occhi? Cosa ascolti attraverso le sue orecchie? Che sensazioni fisiche provi attraverso il suo corpo? Osserva le sensazioni, le immagini e i suoni che ti “saltano” in mente. Passa un po' di tempo a curiosare nel mondo del tuo modello e poi, quando sei pronto [quando sei pronta], decidi di uscire dalla tuta, **riportando con te solo le caratteristiche positive del tuo modello; e solo quelle che sono coerenti con il tuo modo di essere.** Appena ti togli la tuta, questa riassume sembianze umane: infatti, è di nuovo il tuo modello positivo per l'italiano. E ti domanda, **“Cosa hai imparato da questa esperienza?” Rispondi sinceramente e ringrazia per quello che questa persona speciale ha fatto per te.**

Preparati a ritornare qui e ora, riportando con te le sensazioni positive che ti ha dato questo incontro. E per farlo conta con a me da uno a dieci. Al dieci, ti basterà aprire gli occhi, stirarti un pochino e respirare un po' più velocemente per essere sveglio [sveglia], pieno di energia [piena di energia] e ancora più bravo con l'italiano [e ancora più brava con l’italiano]. Uno, due, tre, quattro, cinque. Ricorda: al dieci ti sentirai sveglio, pieno di energia e ancora più bravo con l’italiano. Sei, sette, otto, nove, dieci. Apri gli occhi, fai qualche respiro veloce, stirati un pochino.

Sei sveglio [sei sveglia], pieno di energia [piena di energia], al tuo meglio e ancora più bravo con l'italiano [e ancora più brava con l'italiano]. Congratulazioni[10]

[10] Lezione ispirata da Wenger e Poe (2004).

Lezione quattro – Le domande

Rispondi in italiano:

Antworte auf Italienisch:

C'è qualcun altro nel tuo posto speciale?

Ist dort noch jemand außer dir an deinem besonderen Ort?

Chi c'è?

Wer ist da?

Cosa fa la persona di fronte a te?

Was macht die Person vor dir?

Chi è di preciso?

Wer genau ist es?

Quali caratteristiche positive del tuo modello puoi portare con te?

Welche positiven Wesenszüge deines Vorbildes kannst du mit dir nehmen?

Cosa fai dopo aver indossato la tuta?

Was tust du, nachdem du den Overall angezogen hast?

Cosa fai dopo esserti tolto [tolta] la tuta?

Was tust du, nachdem du den Overall wieder ausgezogen hast?

Pillole di grammatica

"Ci ha vissuto..."

Il PASSATO PROSSIMO del verbo "vivere" **è**

Das Perfekt des Verbs "vivere" *heißt*

"Ho vissuto"

Ma nel dizionario c'è scritto anche:

Aber im Wörterbuch findest du auch:

"sono vissuto"/ "sono vissuta"

Quale preferisci?

Welches gefällt dir besser?

In ogni caso, entrambe le forme sono corrette.

In jedem Fall: beides ist richtig.

5

Sprich sehr gut Italienisch - durch mentales Training

Allenati mentalmente a parlare l'italiano molto bene

Lektion fünf - Zweisprachige Version

Prima di cominciare, trova un posto comodo per rilassarti, bevor wir anfangen: such dir einen bequemen Platz, **un posto dove sarai libero di stare tranquillo [dove sarai libera di stare tranquilla] e senza interruzioni per circa trenta minuti,** einen Platz an dem du für die nächsten ungefähr 30 Minuten ruhig und ungestört bist. **Mettiti in una posizione comoda, nel modo che tu preferisci,** mach es dir bequem, so, wie es dir gefällt, **seduto su una sedia [seduta su una sedia],** auf einem

Stuhl, **o coricato per terra o sul tuo letto [o coricata per terra o sul tuo letto],** oder leg dich auf den Fußboden oder auf dein Bett. **Disincrocia le gambe e preparati a andare nel tuo posto speciale per rilassarti,** stell beiden Füße entspannt etwa hüftbreit nebeneinander und mach dich bereit, an deinen besonderen Ort zu gehen um dort zu entspannen, **quello che hai creato nelle lezioni precedenti,** den du dir in den vorherigen Lektionen geschaffen hast.

Chiudi gli occhi, schließ deine Augen. **Senti l'aria fresca che si respira nel tuo posto speciale,** spüre die frische Luft, die du an deinem besonderen Ort atmen kannst; **e fai un bel respiro profondo,** und nimm einen ganz tiefen Atemzug. **Vedi quello che puoi vedere,** schaue, was es dort zu sehen gibt, **ascolta quello che puoi ascoltare**, höre was du dort hören kannst; **e prova le sensazioni che puoi provare nel tuo posto speciale,** und spüre die Gefühle deines besonderen Ortes. **Avvicinati al tuo oggetto speciale e senti dentro di te la gioia, la curiosità e la sicurezza,** nähere dich deinem besonderen Gegenstand und empfinde in dir Freude, Neugier und Zuversicht... **Indossa il te stesso al tuo meglio [la te stessa al tuo meglio],** kleide dich in das Du von deiner besten Seite, **e sentiti davvero al tuo**

meglio, und fühl dich wirklich von deiner besten Seite, **con tutte le immagini, i suoni, le sensazioni e le emozioni che questo ti dà,** mit all den Bildern, Geräuschen, Gefühlen und Empfindungen, die das in dir hervorruft!

C'è anche la persona italiana che hai scelto come tuo modello, die Italienisch sprechende Person, die du dir als dein Vorbild ausgewählt hast, ist auch da. **Vi salutate e vi ringraziate reciprocamente,** ihr begrüßt euch und dankt einander... **Ti dice,** er oder sie sagt zu dir, **"Ricorda che se hai bisogno di qualche consiglio o vuoi sentire come direi io una cosa,** denk daran, wenn du einen Rat brauchst oder wenn du hören möchtest wie ich etwas ausdrücken würde, **ti basta chiederlo,** dann frag mich einfach. **Sono qui per te,** ich bin für dich da!" Ringrazi **nuovamente e sei felice di sapere che c'è una persona così speciale su cui contare,** du dankst deinem Vorbild erneut und du bist glücklich, dass du eine so besondere Person hast, auf die du zählen kannst.

Bene... Ora, ti ricordi che tutto è possibile nel tuo posto speciale? Gut... Du weißt doch noch, dass an deinem besonderen Ort alles möglich ist, nicht wahr? **Infatti, davanti a**

te potresti vedere uno schermo, tatsächlich, vor dir siehst du eine große Leinwand, **grande come quello del cinema,** riesig, so wie im Kino, **o anche più grande,** oder sogar noch größer. **In questo schermo vedi dei numeri apparire,** auf dieser Leinwand siehst du Zahlen auftauchen... **Puoi anche ascoltarli,** du kannst sie auch hören... **O toccarli se vuoi,** oder sogar berühren, wenn du magst ... **Tre, due, uno... Comincia lo spettacolo,** drei, zwei eins... Die Show beginnt. **Il protagonista sei tu [la protagonista sei tu],** (und) der Hauptdarsteller / die Hauptdarstellerin bist du! **Sei tu che puoi decidere cosa succede nel film,** du allein kannst entscheiden, was in dem Film geschieht. **E oggi stai sicuro [stai sicura] che succederanno delle cose molto positive per te,** und heute kannst du dir sicher sein, dass ein paar sehr positive Dinge für dich geschehen werden, **cose che ti faranno stare bene e ti avvicineranno ancora di più al tuo obiettivo,** dinge, die sich wunderbar anfühlen und die dich deinem Ziel noch näher bringen. **Ricordi qual è il tuo obiettivo?** Weißt du noch, was dein Ziel ist? **Forse vuoi parlare l'italiano molto bene e fluentemente,** vielleicht willst du sehr gut und flüssig Italienisch sprechen. **Oppure vuoi essere in grado di comunicare in ogni situazione nella quale potresti trovarti in**

Italia, oder vielleicht möchtest du dich auch in jeder nur denkbaren Situation in Italien, gut verständigen können, **o in qualunque altra parte del mondo,** oder an irgend einem anderen Ort auf der Welt, **quando incontri altre simpatiche persone che parlano l'italiano,** wenn du auf sympathische, Italienisch sprechende Leute triffst. **Sono sicuro che il tuo obiettivo è chiaro nella tua mente,** ich bin sicher, dass du dein Ziel klar vor Augen hast.

Nello schermo puoi immaginare di trovarti in quella situazione, nella quale puoi parlare in modo efficace e comprensibile, auf der Leinwand kannst du dir vorstellen, wie du dich in dieser Situation befindest, in der du überzeugend und verständlich sprechen kannst, **e capire tutto ciò che avviene intorno a te,** und alles verstehen, was um dich herum geschieht. **Potrebbe essere all'aeroporto,** das könnte auf dem Flughafen sein, **in albergo,** im Hotel**, oppure al negozio di alimentari,** oder im Lebensmittelladen; **o addirittura davanti a quel gruppo di tuoi amici di madrelingua italiana che parlano così velocemente,** oder sogar vor dieser Gruppe deiner italienischsprachigen Freunde, die so schnell sprechen. **Scegli la situazione che vuoi vedere oggi nel tuo schermo personale,**

such dir die Situation aus, die du heute auf deiner Leinwand sehen möchtest. **Cosa vuoi che succeda in questa situazione?** Was möchtest du, was soll in dieser Situation passieren? **Vuoi parlare benissimo e in modo tale da farti capire al cento per cento?** Möchtest du perfekt sprechen können, so gut, dass man dich zu 100% versteht?

Cosa vorresti vedere? Was möchtest du sehen? **Cosa vorresti ascoltare e capire?** Was möchtest du hören und verstehen? **Che sensazioni vorresti provare?** Was möchtest du fühlen? **Se qualcosa non va come vorresti, preparati a modificare il filmato nel modo esatto in cui tu lo vuoi,** und wenn etwas nicht so läuft wie du es gerne hättest, stimme dich darauf ein den Film zu bearbeiten, damit er genau so wird wie du ihn haben möchtest... **Ecco, nello schermo sta succedendo quello che vuoi veramente vedere, ascoltare, provare,** hier, auf der Leinwand, geschieht gerade das, was du wirklich sehen, hören und fühlen willst. **È un piccolo filmato, che dura quel tanto che basta per ottenere il successo che ti eri prefissato [il successo che ti eri prefissata],** es ist ein kleiner Film, der gerade lang genug dauert, um dich den Erfolg erleben zu lassen, den du dir vorgenommen hattest. **Che sensazioni provi**

a vedere e ad ascoltare te stesso [te stessa] parlare così bene in italiano? Wie fühlt sich das für dich an, wenn du dich so gut Italienisch sprechen siehst und hörst? **Ti fa piacere?** Gefällt dir das? **Ti dà gioia?** Macht es dir Freude? **Ti fa sentire orgoglioso di te stesso per il successo ottenuto? [Ti fa sentire orgogliosa di te stessa per il successo ottenuto?]** Macht es dich stolz auf deinen Erfolg?

Bene, quando il filmato è come tu lo desideri veramente, gut, (und) wenn der Film genau so ist wie du ihn dir wirklich wünschst, **avvicinati allo schermo e,** geh zu der Leinwand, **ricordandoti ancora una volta che tutto è possibile in questo posto speciale,** und erinnere dich noch einmal dran dass an diesem besonderen Ort alles möglich ist, **entra nello schermo ed entra nel te stesso al tuo meglio [ed entra nella te stessa al tuo meglio] proprio all'inizio del filmato,** geh in die Leinwand hinein und schlüpfe in das Du von deiner besten Seite, direkt am Anfang des Films... **A questo punto stai vedendo con i tuoi occhi,** in diesem Moment siehst du mit deinen Augen, **stai ascoltando con le tue orecchie,** du hörst mit deinen Ohren; **e provi le tue personali sensazioni in questa situazione,** und du fühlst deine persönlichen Gefühle in dieser Situation. **E raggiungi il successo senza sforzo,** und du erreichst den Erfolg ohne Mühe.

Che sensazioni provi a vedere e ad ascoltare quello che vedi e ascolti ora? Was empfindest du, wenn du das siehst und hörst, was du jetzt im Moment siehst und hörst? **Ti fa piacere?** Gefällt es dir? **Ti dà gioia?** Macht es dir Freude? **Ti fa sentire orgoglioso di te stesso per il successo raggiunto? [Ti fa sentire orgogliosa di te stessa per il successo raggiunto?]** Macht es dich stolz auf den Erfolg, den du erreicht hast?

Bene... A questo punto introduci una grande difficoltà nel tuo processo per raggiungere il tuo obiettivo, O.k., an dieser Stelle bringst du eine große Schwierigkeit in deinen Lernprozess, um dein Ziel zu erreichen. **Più è bizzarra e assurda questa difficoltà, e meglio è,** je skurriler und absonderlicher diese Schwierigkeit ist, umso besser. **Potrebbe esserci una scimmia rosa sulla tua spalla destra,** (zum Beispiel) könnte ein rosa Affe auf deiner rechten Schulter sitzen, **mentre parli in italiano molto bene,** während du sehr gut Italienisch sprichst. **Oppure potrebbero esserci decine, centinaia di persone che ti parlano in (un) italiano fluente,**

oder es könnten dort -zig, nein: hunderte von Personen sein, die dich in flüssigem Italienisch ansprechen. **Nonostante questa grande difficoltà, tu raggiungi il successo prefissato,** trotz dieser großen Schwierigkeit schaffst du es, das Zeil zu erreichen, das du dir vorgenommen hast. **Ti fai capire,** du machst dich (problemlos) verständlich, **capisci e parli in italiano molto bene,** du sprichst und verstehst Italienisch sehr gut **perché tu parli l'italiano molto bene,** weil du eben sehr gut Italienisch sprichst. **E lo ripeti nella tua mente,** und du wiederholst in Gedanken: **io parlo l'italiano molto bene,** ich spreche sehr gut Italienisch.

Ricorda: qualunque sia la difficoltà che decidi di introdurre nel tuo percorso verso il successo, denk dran: welche Schwierigkeit auch immer du dich entscheidest, auf deinen Weg zum Erfolg einzubauen, **assicurati di raggiungere il tuo obiettivo comunicativo nonostante lo sforzo,** vergewissere dich, dass du dein kommunikatives Ziel trotz dieser Anstrengung erreichst. **Tra qualche istante smetterò di parlare e tu potrai utilizzare il minuto di silenzio come più lo desideri per allenarti mentalmente con l'italiano,** in einigen Augenblicken werde ich aufhören zu sprechen, und du kannst die Minuten der Stille nutzen, um dein Italienisch mental zu trainieren, so, wie du es am liebsten magst. **Magari potresti ripetere mentalmente la situazione comunicativa aggiungendo una difficoltà maggiore,** vielleicht könntest du die kommunikative Situation wiederholen und eine noch größere Schwierigkeit hinzufügen. **E nonostante questo, raggiungi il tuo obiettivo,** und trotzdem erreichst du dein Ziel. **Ecco, farò silenzio ora,** So, ich werde jetzt schweigen.

Bene... Ogni volta che farai questo esercizio, also... jedes Mal dass du diese Übung machst, **continua ad aumentare la difficoltà,** erhöhe die Schwierigkeit immer weiter, **o a renderla ancora più bizzarra,** oder mach sie immer noch skurriler; **e continua a raggiungere il tuo obiettivo comunicativo con precisione e soddisfazione,** und erreiche jedes Mal dein kommunikatives Ziel präzise und so, dass du zufrieden bist.

Tra poco conterò da uno a dieci, in Kürze werde ich von eins bis zehn zählen. **Al dieci potrai decidere se addormentarti profondamente in un sonno ristoratore,** bei zehn kannst du dich dafür entscheiden, in einen tiefen und erholsamen Schlaf zu fallen, **oppure stirarti facendo tre respiri profondi e veloci**

per svegliarti pienamente, oder dafür, dich zu strecken, drei schnelle und tiefe Atemzüge zu machen, um ganz zu erwachen; **e sentirti felice, rilassato [rilassata] e ancora più bravo a parlare in italiano [e ancora più brava a parlare in italiano],** und dich glücklich zu fühlen, entspannt, und noch besser zu sein in deinem Italienisch. **Fai la tua scelta ora,** triff jetzt deine Wahl. **Vuoi addormentarti o svegliarti pienamente?** Möchtest du einschlafen oder ganz erwachen? **Qualunque sia la tua scelta,** wofür auch immer du dich entscheidest, **al dieci potrai realizzarla,** bei zehn kannst du es verwirklichen, **e dopo essere ancora più bravo a parlare in italiano [ancora più brava a parlare in italiano],** und danach wirst du noch besser darin sein, Italienisch zu sprechen. **Ad ogni numero ripeterò una affermazione positiva che ti aiuterà a parlare l'italiano ancora meglio,** bei jeder Zahl werde ich eine positive Affirmation wiederholen, die dir dabei helfen wird, noch besser Italienisch zu sprechen. **Ripetila mentalmente con me, se ti va,** wiederhole sie im Geiste mit mir, wenn du magst. **Conterò adesso,** ich zähle jetzt. **Uno, parlare l'italiano è facile,** eins - italienisch sprechen ist einfach. **Due, capisco tutto in italiano,** zwei - ich verstehe alles in Italienisch. **Tre, mi piacciono le persone che parlano**

l'italiano, drei - ich mag Menschen, die Italienisch sprechen. **Quattro, quando parlo l'italiano sono sempre più sicuro di me [quando parlo l'italiano sono sempre più sicura di me],** vier - wenn ich Italienisch spreche, tue ich das mit immer mehr Selbstvertrauen. **Cinque, al dieci sarò ancora più bravo con l'italiano [al dieci sarò ancora più brava con l'italiano],** fünf - bei zehn werde ich noch besser darin sein, Italienisch zu sprechen, **e alla fine di questa sessione potrò fare ciò che ho deciso di fare,** und am Ende dieses Abschnitts kann ich das tun, wozu ich mich entschieden habe. **Sei, quando parlo l'italiano provo gioia,** sechs - wenn ich Italienisch spreche, empfinde ich Freude. **Sette, parlo l'italiano fluentemente,** sieben - ich spreche flüssiges Italienisch. **Otto, amo parlare italiano,** acht - mir gefällt es sehr, Italienisch zu sprechen. **Nove, giorno dopo giorno parlo l'italiano sempre meglio,** neun - mein Italienisch verbessert sich Tag für Tag. **E dieci! Sono sempre più bravo con l'italiano [sono sempre più brava a con l'italiano]!** Und zehn - Ich werde immer besser in Italienisch! **E ogni volta che ripeto questo allenamento mentale mi accorgo che il mio italiano migliora sempre di più,** und jedes Mal, wenn ich dieses Training wiederhole, merke ich, dass mein Italienisch besser und besser wird..[11]

[11] Lektion inspiriert durch Strachar (2004), Bandler & Thomson (2011), und Garfield & Bennet (1984).

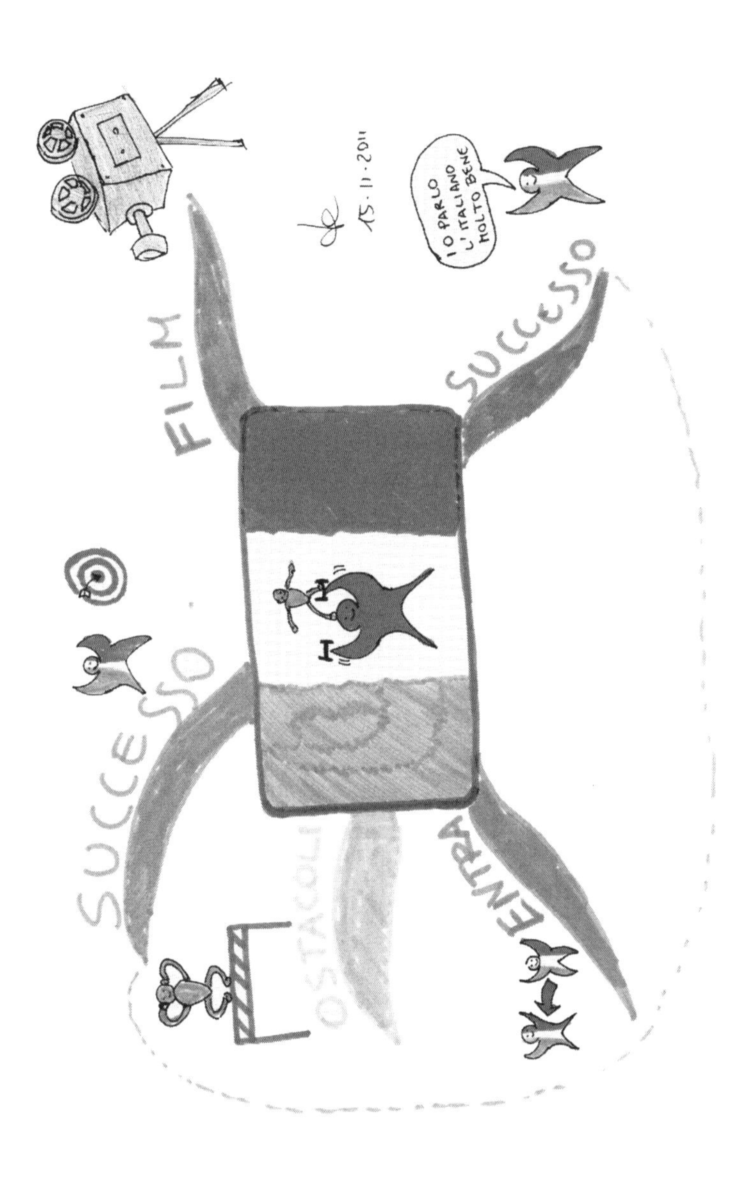
FILM
SUCCESSO
SUCCESSO
OSTACOLI
ENTRA
IO PARLO L'ITALIANO MOLTO BENE
15.11.2011

Lezione cinque – Il tuo coach personale

Sono sicuro che come tutti in questo mondo hai spesso imparato delle cose nuove ...Ma come hai fatto?

Ich bin mir sicher, dass du, wie alle Menschen auf dieser Welt, häufig neue Dinge gelernt hast. Wie hast du das gemacht?

Ti ricordi di quando hai imparato a guidare la macchina (o qualsiasi altra cosa)? Com'è stato? Sei stato [stata] un pilota provetto fin dall'inizio oppure in quei momenti dovevi pensare ad ogni singolo movimento?

Weißt du noch, wie es war, als du Auto fahren gelernt hast (oder etwas anders)? Wie war das? Warst du von Anfang an ein routinierter Fahrer, oder musstest du damals über jede Handlung nachdenken?

E poi cosa è successo? Adesso come guidi la macchina? È diventato qualcosa di automatico e naturale, vero? E cosa hai fatto per fare diventare la tua guida così?

Und was ist dann passiert? Wie fährst du jetzt Auto? Jetzt ist es zu etwas geworden, was du ganz automatisch und natürlich tust, nicht wahr? Und was hast du getan, damit dein Fahrkönnen so wird?

In Italia si va a scuola guida e un adulto che ha la patente da un po' di tempo può accompagnarci mentre facciamo pratica. Per imparare a guidare bene, bisogna fare pratica. È così per ogni abilità che si vuole acquisire.

In Italien gehen wir zuerst in die Fahrschule, und dann kann uns ein Erwachsener, der schon eine Zeit den Führerschein hat, begleiten, während wir fahren üben. Um gut fahren zu lernen musst du üben. Das ist so bei jeder neuen Fähigkeit, die man erlernen will.

Guidare è un'abilità che richiede delle doti fisiche...parlare una lingua ne richiede un po' di meno. Be', ad essere sinceri, noi Italiani amiamo gesticolare, perciò imparare la nostra lingua sarebbe anche un'attività fisica. Ma è soprattutto un'attività mentale, ecco perché l'allenamento mentale può aiutarti a parlare l'italiano molto meglio.

Auto fahren ist eine Tätigkeit, die auch körperliche Fähigkeiten erfordert; beim Sprachen lernen ist das etwas weniger der Fall. Na ja, um ehrlich zu sein, wir Italiener gestikulieren für unser

Leben gern, also wäre das Erlernen unserer Sprache auch eine körperliche Aktivität. In erster Linie ist es aber eine geistige Aktivität, und deshalb kann mentales Training dabei helfen, so viel besser zu sprechen.

Quando gli atleti si allenano introducono nel loro allenamento fisico (e mentale) degli ostacoli e delle difficoltà anche maggiori a quelle che potranno incontrare nel giorno della competizione. Perché? Perché in questo modo, quando si troveranno ad affrontare la situazione reale, la percepiranno come più facile, oltre che familiare. Ecco perché è utile immaginarsi di trovarsi in situazioni molto più difficili o bizzarre di quelle in cui ci si può trovare nella situazione reale.

Im Training bringen Athleten Hindernisse und Schwierigkeiten in ihr physisches (und mentales) Training ein, die unter Umständen größer sind als die, die sie tatsächlich im Wettkampf vorfinden werden. Warum? Weil sie auf diese Weise, wenn sie in der realen Situation sind, diese sowohl als einfacher als auch als gewohnt empfinden. Darum ist es hilfreich, sich Situationen vorzustellen, die viel schwieriger oder skurriler sind als man sie je im realen Leben vorfinden würde.

Dopo questo chiarimento, sono sicuro che ti appare più chiaro quello che fai in questa lezione. E poiché questa è la lezione più importante del libro, penso davvero che sia utile ripassarla insieme:

Ich bin mir sicher, dass dir nach dieser Erklärung viel klarer ist, was du in dieser Lektion tust. Und weil diese die wichtigste Lektion des ganzen Buches ist, glaube ich, dass es wirklich lohnenswert ist, sie zusammen noch einmal durchzugehen:

1) Ritorni nel tuo posto speciale, dove ci sono il tuo oggetto speciale, il te stesso [la te stessa] al tuo meglio e il tuo modello per l'italiano.

1) Kehre zurück an deinen besonderen Ort, an dem du deinen besonderen Gegenstand findest, das Du von deiner besten Seite und dein Vorbild für Dein Italienisch.

2) Crei un filmato dove vedi te stesso [te stessa] che ottiene un successo comunicativo in una situazione che vuoi affrontare con sicurezza. Modifichi il filmato finché non è proprio come lo vuoi tu.

2) Du kreierst einen Film, in dem du dir dabei zuschaust, wie du deinen kommunikativen Erfolg erringst in einer Situation, in der du dich sicher fühlen möchtest. Du bearbeitest deinen Film, bis er genau so ist, wie du ihn haben möchtest.

3) Riavvolgi il filmato ed entri dentro te stesso [te stessa]...vivi la situazione attraverso i tuoi occhi, ascolti tutto ciò che c'è da ascoltare attraverso le tue orecchie, provi le sensazioni che puoi provare nella situazione scelta. Ti assicuri di ottenere il successo comunicativo desiderato.

3) Du spulst deinen Film zurück und gehst dann als Du von deiner besten Seite hinein... Du erlebst die Situation durch deine Augen, du hörst durch deine Ohren alles, was es zu hören gibt und du fühlst die Empfindungen die du in deiner ausgewählten Situation fühlen kannst. Du sorgst dafür, dass du den kommunikativen Erfolg hast, den du dir wünschst.

4) Introduci un ostacolo, più bizzarro è e meglio è. Nella lezione c'è una scimmia rosa sulle tue spalle, ma usa la fantasia per creare ostacoli sempre più grandi e bizzarri. Assicurati in ogni caso di ottenere sempre il tuo risultato comunicativo!

4) Du fügst ein Hindernis hinzu—je skurriler desto besser. In der Lektion ist es ein rosa Affe auf deinen Schultern, aber nutze ruhig deine Phantasie, um noch größere und abwegigere Hindernisse zu erfinden. Achte aber darauf, dass du jedes Mal deinen kommunikativen Erfolg hast!

Ripeti questo esercizio ogni volta che vuoi, specialmente prima di andare a dormire. E per favore ricordati sempre di divertirti mentre parli l'italiano sempre meglio!
Wiederhole diese Übung so oft du willst, am besten vor dem Schlafen gehen. Und bitte, denk dran, immer Spaß zu haben wenn du Italienisch sprichst!

Allenati mentalmente a parlare l'italiano molto bene
Lezione cinque – Solo italiano

Prima di cominciare, trova un posto comodo per rilassarti, un posto dove sarai libero di stare tranquillo [dove sarai libera di stare tranquilla] e senza interruzioni per circa venti minuti. Mettiti in una posizione comoda, nel modo che tu preferisci, seduto su una sedia [seduta su una sedia], o coricato per terra o sul tuo letto [o coricata per terra o sul tuo letto]. Disincrocia le gambe e preparati a andare nel tuo posto speciale per rilassarti, quello che hai creato nelle lezioni precedenti.

Chiudi gli occhi, senti l'aria fresca che si respira nel tuo posto speciale e fai un bel respiro profondo. Vedi quello che puoi vedere, ascolta quello che puoi ascoltare; e prova le sensazioni che puoi provare nel tuo posto speciale. Avvicinati al tuo oggetto speciale e senti dentro di te la gioia, la curiosità e la sicurezza. Indossa il te stesso [la te stessa] al tuo meglio; e sentiti davvero al tuo meglio, con tutte le immagini, i suoni, le sensazioni e le emozioni che questo ti dà!

C'è anche la persona italiana che hai scelto come tuo modello... Vi salutate e vi ringraziate reciprocamente... Ti dice, "Ricorda che se hai bisogno di qualche consiglio o vuoi sentire come direi io una cosa, basta chiederlo.Sono qui per te!" Ringrazi nuovamente e sei felice di sapere che c'è una persona così speciale su cui contare.

Bene... Ora, ti ricordi che tutto è possibile nel tuo posto speciale? Infatti, davanti a te potresti vedere uno schermo, grande come quello del cinema, o anche più grande. In questo schermo vedi dei numeri apparire... Puoi anche ascoltarli... O toccarli se vuoi... Tre, due, uno... Comincia lo spettacolo. **Il protagonista sei tu [la protagonista sei tu]! Sei tu che puoi decidere cosa succede nel film. E oggi stai sicuro [stai sicura] che succederanno delle cose molto positive per te, cose che ti faranno stare bene e ti avvicineranno ancora di più al tuo obiettivo.** Ricordi qual è il tuo obiettivo? Forse vuoi parlare l'italiano molto bene e fluentemente. Oppure vuoi essere in grado di comunicare in ogni situazione nella quale potresti trovarti in Italia, o in qualunque altra parte del mondo, quando incontri altre simpatiche persone che parlano l'italiano. Sono sicuro che il tuo obiettivo è chiaro nella tua mente.

Nello schermo puoi immaginare di trovarti in quella situazione, nella quale **puoi parlare in modo efficace e comprensibile, e capire tutto ciò che avviene intorno a te.** Potrebbe essere all'aeroporto, in albergo, oppure al negozio di alimentari; o addirittura davanti a quel gruppo di tuoi amici di madrelingua italiana che parlano così velocemente. Scegli la situazione che vuoi vedere oggi nel tuo schermo personale. Cosa vuoi che succeda in questa situazione? **Vuoi parlare benissimo** e in modo tale da farti capire al cento per cento?

Cosa vorresti vedere? Cosa vorresti ascoltare e capire? Che sensazioni vorresti provare? Se qualcosa non va come vorresti, preparati a modificare il filmato nel modo esatto in cui tu lo vuoi... Ecco, nello schermo sta succedendo quello che **vuoi veramente** vedere, ascoltare, provare. È un piccolo filmato, che dura quel tanto che basta per ottenere **il successo che ti eri prefissato [il successo che ti eri prefissata]**. Che sensazioni provi a vedere e ad ascoltare te stesso [te stessa] parlare così bene in italiano? Ti fa piacere? Ti dà gioia? **Ti fa sentire orgoglioso di te stesso per il successo ottenuto? [Ti fa sentire orgogliosa di te stessa per il successo ottenuto?]**

Bene, quando il filmato è come tu lo desideri veramente, avvicinati allo schermo e, ricordandoti ancora una volta che tutto è possibile in questo posto speciale, entra nello schermo ed entra nel te stesso al tuo meglio [ed entra nella te stessa al tuo meglio] proprio all'inizio del filmato... A questo punto stai vedendo con i tuoi occhi, stai ascoltando con le tue orecchie; e provi le tue personali sensazioni in questa situazione. **E raggiungi il successo senza sforzo.**

Che sensazioni provi a vedere e ad ascoltare quello che vedi e ascolti ora? Ti fa piacere? Ti dà gioia? Ti fa sentire orgoglioso di te stesso per il successo raggiunto? [Ti fa sentire orgogliosa di te stessa per il successo raggiunto?]

Bene... A questo punto introduci una grande difficoltà nel tuo processo per raggiungere il tuo obiettivo. Più è bizzarra e assurda questa difficoltà, e meglio è. Potrebbe esserci una scimmia rosa sulla tua spalla destra, mentre parli in italiano molto bene. Oppure potrebbero esserci decine, centinaia di persone che ti parlano in (un) italiano fluente. **Nonostante questa grande difficoltà, tu raggiungi il successo prefissato.** Ti fai capire, capisci e parli in italiano molto bene, perché **tu parli l'italiano molto bene.** E lo ripeti anche nella tua mente: **io parlo l'italiano molto bene.**

Ricorda, qualunque sia la difficoltà che decidi di introdurre nel tuo percorso verso il successo, Assicurati di raggiungere il tuo obiettivo comunicativo nonostante lo sforzo. Tra qualche istante smetterò di parlare e tu potrai utilizzare il minuto di silenzio come più lo desideri per allenarti mentalmente con l'italiano. Magari potresti ripetere mentalmente la situazione comunicativa aggiungendo una difficoltà maggiore. E nonostante questo, raggiungi il tuo obiettivo. Ecco, farò silenzio ora.

Bene...**Ogni volta che farai questo esercizio, continua ad aumentare la difficoltà, o a renderla ancora più bizzarra; e continua a raggiungere il tuo obiettivo comunicativo con precisione e soddisfazione.**

Tra poco conterò da uno a dieci. Al dieci potrai decidere se addormentarti profondamente in un sonno ristoratore, oppure stirarti facendo tre respiri profondi e veloci per svegliarti pienamente; e sentirti felice, rilassato [rilassata] e ancora più bravo a parlare in italiano [e ancora più brava a parlare in italiano]. **Fai la tua scelta ora.** Vuoi addormentarti o svegliarti pienamente? Qualunque sia la tua scelta, al dieci potrai realizzarla e dopo essere ancora più bravo a parlare in italiano [ancora più brava a parlare in italiano]. Ad ogni numero ripeterò una affermazione positiva che ti aiuterà a parlare l'italiano ancora meglio. Ripetila mentalmente con me, se ti va. Conterò adesso. Uno, **parlare l'italiano è facile.** Due, **capisco tutto in italiano.** Tre, **mi piacciono le persone che parlano l'italiano.** Quattro, **quando parlo l'italiano sono sempre più sicuro di me [quando parlo l'italiano sono sempre più sicura di me].** Cinque, **al dieci sarò ancora più bravo con l'italiano [al dieci sarò ancora più brava con l'italiano]** e alla fine di questa sessione potrò fare ciò che ho deciso di fare. Sei, **quando parlo l'italiano provo gioia.** Sette**, parlo l'italiano fluentemente.** Otto, **amo parlare italiano.** Nove, **giorno dopo giorno parlo l'italiano sempre meglio.** E dieci! **Sono sempre più bravo con l'italiano [sono sempre più brava a con l'italiano]!** E ogni volta che ripeto questo allenamento mentale mi accorgo che il mio italiano migliora sempre di più[12].

[12] Lezione ispirata da Strachar (2004), Bandler & Thomson (2011), e Garfield & Bennet (1984).

Lezione cinque – Le domande

Rispondi in italiano:

Antworte auf Italienisch:

Chi c'è nel tuo posto speciale oltre a te?

Wer ist außer dir an deinem besonderen Ort?

Cosa vedi di nuovo?

Was siehst du neues?

Qual è la situazione che vuoi praticare oggi?

Welche Situation möchtest du heute üben?

Chiedi aiuto al tuo modello per l'italiano?

Bittest du dein Italienisches Vorbild um Hilfe?

Cosa fai dopo che il filmato è come lo vuoi?

Was tust du, nachdem dein Film so ist wie du ihn haben möchtest?

Qual è l'ostacolo che affronti con successo oggi?

Welches ist das Hindernis, das du heute überwindest?

Cosa fai dopo la lezione? Vai a dormire o continui a parlare l'italiano molto bene?
Was machst du nach der Lektion? Schläfst du ein oder machst du weiter damit, sehr gut Italienisch zu sprechen?

Dove sei nel momento in cui leggi questa domanda? Quante affermazioni positive ci sono nella lezione? Qual è quella che ti piace di più? Puoi ripetere l'affermazione positiva che ti piace di più a voce alta e con entusiasmo? Se sì, fallo ora!
Wo bist du, während du diese Frage liest? Wie viele positive Affirmationen gibt es in dieser Lektion? Welche gefällt dir am besten? Kannst du die positive Affirmation, die dir am besten gefällt, laut und mit viel Enthusiasmus wiederholen? Wenn ja, tu es jetzt!

Pillole di grammatica

"Cosa vuoi che succeda...?"

(Was möchtest du, dass geschehen soll?)

Anche il verbo "volere" **è uno di quei verbi che ha bisogno del CONGIUNTIVO subito dopo quando i soggetti delle due parti della proposizione sono diversi.**

Auch das Verb "volere" (wollen) ist eines der Verben, nach denen unmittelbar der Konjunktiv stehen muss, wenn die Subjekte der beiden Teile des Satzes unterschiedlich sind.

Ecco alcuni esempi d'uso.

Hier einige Beispiele.

- Vuoi che io parli solo in italiano con te?
- Sì, voglio che tu parli solo in italiano con me.

Se il soggetto è uguale...le frasi sono costruite semplicemente così:

Wenn das Subjekt das selbe ist - sind die Sätze ganz einfach so aufgebaut:

- Vuoi parlare in italiano con me?

- Sì, voglio parlare in italiano con te.

© RealPhotoItaly - Fotolia.com

!

Congratulazioni!

Hai completato tutte le lezioni di *Risveglia il tuo Italiano!* Dovresti essere orgoglioso di te stesso [orgogliosa di te stessa]. Sai che tra i tanti che comprano corsi di lingue e libri, solo il 10% raggiunge la loro fine? Il fatto che tu sia arrivato [arrivata] fin qui significa che *vuoi davvero parlare l'italiano fluentemente,* perciò congratulazioni e *grazie mille* per averlo fatto!

Adesso, c'è qualcos'altro che potresti fare per *migliorare ancora di più il tuo italiano*? Sì, perché hai imparato delle nuove abilità di allenamento mentale che puoi applicare a qualsiasi altro audio o testo che incontri.

!

Glückwunsch!

Du hast alle Lektionen von *Dein Italienisch wachgeküsst!* abgeschlossen! Du kannst stolz auf dich sein! Wusstest du, dass nur 10% der vielen Menschen, die Sprachkurse und -bücher kaufen, bis zum Ende durchhalten? Dass du bis hier her gekommen bist, beweist, dass *du wirklich fließend italienisch sprechen willst*. Herzlichen Glückwunsch, und *vielen Dank* dafür!

Und nun, gibt es jetzt etwas , was du tun kannst, um *dein Italienisch noch weiter zu verbessern*? Ja, denn du hast jetzt neue Trainingsmöglichkeiten erlernt, die du mit jedem anderen Italienischen Audio oder Text anwenden kannst, was du findest.

Infatti, se, per esempio, guardi un film italiano con una situazione comunicativa interessante, dopo aver decodificato e capito pienamente la scena, usando le abilità che hai imparato qui, potresti immaginarti nella situazione mentre parli l'italiano molto bene, poi potresti aggiungere degli ostacoli raggiungendo ugualmente il successo, come ti è stato spiegato nella quinta lezione. Sta' sicuro [sicura] che quando ti troverai davvero in quella situazione, sarai meravigliosamente sorpreso [sorpresa] di quello che sei in grado di fare.

Sono piuttosto sicuro che non avrai più bisogno di un insegnante d'italiano, perché sarai in grado di imparare da solo [da sola] e scegliendo il materiale che più ti interessa. Ma nel caso in cui tu pensi ancora di avere bisogno di aiuto, potresti cercare una scuola dove gli insegnanti combinano la scienza con il divertimento. È il tipo di scuola migliore a cui andare, no?

Continua con il divertimento!

Nimm einmal an, du schaust zum Beispiel einen Italienischen Film, in dem eine interessante kommunikative Situation vorkommt. Nachdem du ihn decodiert und mithilfe der Techniken, die du hier gelernt hast, vollkommen verstanden hast, könntest du dich selbst in dieser Situation vorstellen, während du sehr gut Italienisch sprichst. Dann könntest du Hindernisse hinzufügen und die Situation trotzdem erfolgreich meistern - so wie in der fünften Lektion erklärt. Du kannst dir sicher sein: wenn du eine ähnliche Situation in der Realität erlebst, wirst du positiv überrascht sein von dem, was du mittlerweile alles kannst!
Ich bin mir ziemlich sicher, dass du keinen Italienischlehrer mehr brauchen wirst, weil du von jetzt an alleine lernen kannst, indem du dein eigenes Lernmaterial zusammenstellst aus dem, was dich am meisten interessiert. Für den Fall, dass du doch lieber noch Hilfe hättest, schau dich um nach einer Schule, in der die Lehrer Wissenschaft mit Spaß am Lernen kombinieren. Das ist die beste Art, zur Schule zu gehen, nicht wahr?

Bleib dran und habe Spaß!

!

La scienza dietro *Risveglia il tuo italiano!*

Intuizioni dietro l'allenamento mentale applicato all'apprendimento dell'italiano
Dai primi passi ad oggi

Fa ormai parte della storia che alle Olimpiadi del 1976 i russi vinsero più medaglie d'oro di ogni altro Paese. Perché erano così bravi e vinsero così tante medaglie? Quali erano i loro segreti? Tra i tanti che provarono a scoprirlo, Charles Garfield, un professore di medicina clinica all'University of California Medical School di San Francisco,riuscì a scoprire questi segreti. Nel 1979 incontrò a Milano un gruppo di psicologi e fisiologi sovietici. I dottori sovietici lo guidarono in uno stato di rilassamento profondo per 40 minuti.

Die Wissenschaft hinter *Dein Italienisch wachgeküsst!*

Einblicke in die Anwendung des mentalen Trainings fürs Italienisch lernen

Von den Anfängen bis heute

Es ist nunmehr ein Teil der Geschichte der Olympischen Spiele von 1976, dass die Russen mehr Goldmedaillen gewonnen haben als jedes andere Land. Gewannen sie so viele Medaillen, weil sie so gut waren? Was war ihr Geheimnis? Unter den vielen, die versucht haben, das herauszufinden, gelang es schließlich Charles Garfield, Professor für klinische Medizin an der University of California Medical School in San Francisco. Im Jahr 1979 traf er in Mailand eine Gruppe von sowjetischen Psychologen und Physiologen. Die sowjetischen Ärzte führten ihn für 40 Minuten in einen Zustand tiefer Entspannung.

I dottori sovietici lo guidarono in uno stato di rilassamento profondo per 40 minuti. Gli fecero visualizzare di avvicinarsi a un bilanciere, coricato su una panca e sollevare con sicurezza 165 chili, che era il massimo che aveva raggiunto mesi prima e dopo lunghe sessioni di allenamento fisico.

Nota per favore che Garfield non aveva messo piede in una palestra per diversi mesi prima di quella sera. I dottori sovietici gli dissero di immaginare ogni fase del sollevamento: il suono stridente dei pesi, la sua respirazione, i rumori che normalmente faceva quando faceva sollevamento sotto sforzo.

Cosa pensi che sia successo? Ovviamente riuscì a sollevare i 165 chili. Garfield aveva imparato due importanti concetti nel potere dell'allenamento mentale: la concentrazione e la visualizzazione. Da tali concetti creò un un allenamento che può essere facilmente imparato nel suo libro *Peak Performance*, pubblicato nel 1984.

Sie ließen ihn sich vorstellen, dass er eine Langhantel nehmen würde, die auf einer Bank lag und diese 165 kg schwere Hantel ohne Schwierigkeiten anheben könnte, was das Maximum war, das er Monate zuvor nach vielen langen Trainingseinheiten geschafft hatte.

Beachte bitte, dass Garfield vor diesem Abend für mehrere Monate keinen Fuß in ein Fitness-Studio gesetzt hatte. Die sowjetischen Ärzte sagten ihm, er solle sich jeden Schritt des Gewichthebens vorstellen: das Klirren der Gewichte, seine eigene Atmung, und die Geräusche, die er normalerweise während des Gewichthebens machte.

Was glaubst du, was ist passiert? Es gelang ihm tatsächlich, 165 kg zu heben. Garfield hatte zwei wichtige Konzepte über die Kraft des mentalen Trainings kennen gelernt: die Konzentration und die Visualisierung. Auf diesen Konzepten gründete er eine leicht erlernbare Ausbildung, die er 1984 in seinem Buch *Peak Performance* veröffentlichte.

Molti atleti hanno usato una qualche sorta di allenamento mentale per raggiungere successi sempre maggiori. Pensiamo a Roger Bannister. Chi è? È l'atleta che per primo fece il record del miglio sotto i quattro minuti. Prima di lui, nessuno aveva raggiunto quel risultato e ci fu un dottore che disse che era impossibile per il corpo umano raggiungere quel risultato.Bannister lo fece, e come lui molti altri atleti dopo di lui.

Usò l'allenamento mentale per visualizzare il risultato desiderato in dettaglio. Disse che poi "gli sembrò di uscire fuori dal suo corpo, di avere un sensazione come se stesse guardando se stesso dall'alto mentre correva, con un curioso senso di distacco[13]".

Al giorno d'oggi gli atleti usano l'allenamento mentale diffusamente, ma è possibile usarlo in altri campi?

[13] Bandler, R. & Thomson, G. (2011), pagina. 290.

Viele Athleten haben irgend eine Form von mentalem Training angewendet, um immer größere Erfolge zu erzielen. Denken wir nur an Roger Bannister. Wer das ist? Es ist der Athlet, der als erster eine Meile unter vier Minuten lief und damit einen Rekord aufstellte. Dieses Ergebnis hatte vor ihm noch niemand erreicht, und es gab sogar einen Arzt, der das für den menschlichen Körper für unmöglich hielt. Bannister schaffte es, und nach ihm viele weitere Athleten.

Er nutzte das mentale Training, um das gewünschte Ergebnis im Detail zu sehen. Er sagte, dass es ihm dann "so schien als ob er aus seinem Körper herausträte, dass er das Gefühl hatte, als ob er sich selbst von oben zuschauen würde während er lief, mit einem merkwürdigen Gefühl des Losgelöst seins".

Heutzutage nutzen Athleten mentales Training in weiten Bereichen; ist es vielleicht möglich, es auch in anderen Gebieten einzusetzen?

L'esperimento Rosenthal-Jacobson

Indirettamente collegato alla storia di Bannister è un esperimento che ha avuto luogo negli anni sessanta in una scuola elementare di San Francisco. Rosenthal e Jacobson sottoposero tutti gli studenti ad un test di intelligenza all'inizio dell'anno scolastico. Poi selezionarono il 20 % degli studenti – senza alcuna correlazione al risultato dei loro test – e riferirono agli insegnanti che questo 20% degli studenti mostrava *"un insolito potenziale di crescita intellettuale"* e ci si poteva aspettare che le loro prestazioni scolastiche "sarebbero sbocciate" entro la fine dell'anno.

Otto mesi dopo, alla fine dell'anno scolastico, ritornarono e sottoposero di nuovo a test tutti gli studenti. Quelli **etichettati come bambini "intelligenti"** dimostrarono un incremento significativo nei nuovi test rispetto agli altri bambini. Questo significa che *"il cambiamento nelle aspettative degli insegnanti rispetto alle prestazioni scolastiche di quelli che si supponevano che fossero bambini 'speciali' aveva determinato un cambiamento reale nelle prestazioni intellettuali di questi*

Das Rosenthal-Jacobson Experiment

Indirekt verbunden mit der Geschichte von Bannister ist ein Experiment, das in den sechziger Jahren in einer Grundschule in San Francisco stattfand. Die beiden US-amerikanischen Psychologen Robert Rosenthal und Lenore F. Jacobson unterzogen alle Schüler zu Beginn des Schuljahres einem Intelligenztest. Dann wählten sie 20% der Schüler aus - ohne Zusammenhang mit dem Ergebnis ihrer Tests - und sagten deren Lehrern, dass diese 20% der Schüler "*eine ungewöhnliche Potenzial für geistiges Wachstum*" zeigen würden und dass damit zu rechnen sei, dass ihre schulischen Leistung bis zum Ende des Schuljahres "aufblühen" würden.

Acht Monate später, am Ende des Schuljahres, kehrten sie wieder zurück und unterzogen alle Schüler erneut verschiedenen Tests. Die Kinder, die zuvor als **"intelligent" bezeichnet worden** waren, zeigten einen signifikant stärkeren Leistungsanstieg in den neuen Tests im Vergleich mit den übrigen Kindern. Dies bedeutet, dass "*die Veränderungen in den Erwartungen der Lehrkräfte im Hinblick auf die schulischen Leistung der für besonders begabt gehaltenen Kinder zu tatsächlichen Veränderungen der geistigen Leistungen bei diesen Kindern*

bambini selezionati a caso[14]".

Gli autori dell'approccio Optimalearning® affermano invece che c'è qualcosa di meglio delle aspettative: "*la convinzione che qualcosa sta proprio per accadere*"[15]; si tratta del senso di anticipazione, contrapposto alle aspettative che sono dei piani specifici per il futuro. E "*il senso di anticipazione determina l'aumento di memoria e apprendimento*". La conseguenza di ciò che hai appena letto è che le tue convinzioni come pure quelle degli altri possono influenzare la tua abilità di parlare e di avere padronanza dell'italiano. La sessione di coaching nella seconda lezione ti aiuterà ad essere consapevole delle tue convinzioni e a reinquadrarle.

---

[14] Rosenthal, R., and Jacobson, L. (1983)
[15] Barzakov, I. (2004).

geführt hatten, die doch in Wirklichkeit nur nach dem Zufallsprinzip ausgewählt worden waren".

Die Autoren des Ansatzes OptimalLearning® betonen jedoch, dass es etwas noch besseres gibt als die Erwartungshaltung: nämlich *"den Glauben, dass etwas jetzt gleich passieren wird."* Das meint ein Gefühl der Vorfreude, im Gegensatz zur reinen Erwartung, die eigentlich nur ein spezifischer Entwurf der Zukunft ist. *"Das Gefühl der Vorfreude bestimmt den Grad der Zunahme des Gedächtnisses und des Lernens.*" In der Konsequenz bedeutet das, was du gerade gelesen hast, dass sowohl deine eigenen Überzeugungen wie auch die der Anderen einen großen Einfluss haben können auf deine Fähigkeit, Italienisch zu sprechen und es zu beherrschen. Die Coaching-Sitzung in der zweiten Lektion wird dir helfen, dir deine Überzeugungen bewusst zu machen und sie richtig einzuordnen.

Visualizzazione e PNL

Nel corso degli anni tante discipline hanno incorporato un certo uso di visualizzazione o allenamento mentale. Tra queste, la Programmazione Neuro Linguistica, creata da Richard Bandler e John Grinder, ha una tecnica chiamata *future pace*. Questa non fa altro che ancorare l'immagine futura di successo nel contesto desiderato, motivando il praticante ad una visione positiva.

Un esempio di *future pace* potrebbe essere il seguente: *immagina di essere in un Paese dove si parla l'italiano, nella città che volevi davvero visitare... Guardati intorno, osserva il posto in cui ti trovi... Ascolta le voci in sottofondo... Sei sicuro [sicura] della tua capacità di parlare l'italiano molto bene... Ti senti sicuro [sicura] e hai il tempo per scegliere la posizione ottimale... E i gesti migliori... Ti senti bene e c'è un'energia positiva dentro di te... E sei pronto [pronta] a parlare in italiano molto bene con la prima persona che ti trovi davanti!*

Visualisierung und NLP

Im Laufe der Jahre wurde in vielen Gebieten die Nutzung der Visualisierung oder des Mentalen Trainings eingeführt. Eines der Gebiete ist die Neurolinguistische Programmierung (NLP), entwickelt von Richard Bandler und John Grinder. Darin gibt es eine Technik mit dem Namen "*Future Pace*" (Schritt in die Zukunft). Das besagt nichts anderes, als dass das Bild eines zukünftigen Erfolges in dem gewünschten Kontext verankert wird, um den Coachee zu einer positiven Ansicht anzuspornen. Ein Beispiel für "*Future Pace*" könnte wie folgt aussehen: *stell dir vor, du bist in einem Land, in dem man Italienisch spricht, in der Stadt, die du schon immer besuchen wolltest... Schau dich um, betrachte den Ort, an dem du dich befindest... Hören die Stimmen im Hintergrund... Du bist dir sehr sicher über deine Fähigkeit, sehr gut Italienisch zu sprechen... Du fühlst dich sicher und du hast Zeit, dir die beste Position auszusuchen... Und die besten Gesten... Du fühlst dich gut und in deinem Inneren ist eine positive Energie... Und du bist bereit, mit der ersten Person, der du begegnest, sehr gut Italienisch zu sprechen!*

Naturalmente questa è solo una delle tante tecniche e metodi insegnati dalla PNL, che ha l'obiettivo di modellare l'eccellenza umana. Ti consiglio vivamente di leggere qualche libro sull'argomento, magari in italiano, perché no?

La connessione mente-corpo nella salute

Anche la salute può essere influenzata positivamente da una specie di allenamento mentale. Dal pionieristico lavoro del dottor Carl Simonton e di sua moglie Stephanie, di Candace Pert PhD, e più recentemente di Richard Davidson Phd, gli scienziati hanno cominciato ad accorgersi della piena estensione della connessione mente/corpo. Le informazioni che vengono dalla mente non solo hanno effetti sulla mente, ma ci sono delle prove scientifiche che i processi, gli stati e i comportamenti mentali hanno sempre effetti su tutte le cellule del corpo.

All'inizio degli anni 70 del secolo scorso, Carl e Stephanie Simonton dimostrarono che l'uso di visualizzazione e immagini mentali sembravano svolgere un ruolo molto importante nella guarigione di alcuni malati di cancro.

Natürlich ist dies nur eine von vielen Techniken und Methoden, die in der NLP gelehrt wird, und die zum Ziel hat, die menschliche Exzellenz zu formen. Ich lege dir sehr ans Herz, ein paar Bücher zu diesem Thema zu lesen. Vielleicht auf Italienisch, warum nicht?

Die Verbindung zwischen Körper und Geist in der Gesundheit

Auch die Gesundheit kann durch eine Form von mentalem Training positiv beeinflusst werden. Beginnend mit der Pionierarbeit von Dr. Carl Simonton und seiner Frau Stephanie, Candace Pert PhD, und in jüngerer Zeit von Richard Davidson Phd haben Wissenschaftler damit begonnen, das volle Ausmaß der Geist / Körper-Verbindung zu realisieren. Die Informationen, die aus dem Geist herrühren, haben nicht nur Auswirkungen auf den Geist. Es gibt mittlerweile wissenschaftliche Belege dafür, dass die Prozesse, die Strukturen und das Verhalten des Geistes Auswirkungen auf sämtliche Zellen des Körpers haben.

Zu Beginn der 70er Jahre des vorigen Jahrhunderts zeigten Carl und Stephanie Simonton, dass die Anwendung von Visualisierung und Inneren Bildern eine sehr wichtige Rolle bei der Heilung einiger Krebspatienten zu spielen scheint.

Nel 1985 Candace Pert dimostrò l'esistenza di una rete psicosomatica attivata da sostanze prodotte dal corpo (neuropeptidi, ormoni e neurotrasmettitori se vuoi sapere i loro nomi) che lavorano insieme per far migliorare o peggiorare la salute individuale.

La prova della connessione mente/corpo è stata anche data da Richard Davidson e dalla sua equipe. Il loro studio conclude che la mera menzione di una parola stressante come "respiro affannoso" può attivare due regioni cerebrali nelle persone asmatiche durante un attacco, e tale attività cerebrale potrebbe essere associata con dei sintomi dell'asma ancora più gravi. Se sei interessato [interessata] ad approfondire la tua conoscenza sull'argomento, ti invito a dare un'occhiata alla loro ricerca.[16]

---

[16] Rosenkranz, M.A., et al. (2005). Vedi anche Richard Davidson (2012), *The Emotional Life of your Brain,* Hudson Street Press.

Im Jahr 1985 bewies Candace Pert die Existenz eines psychosomatischen Netzwerkes, das von Substanzen aktiviert wird,die der Körper selbst herstellt. (Neuropeptide, Neurotransmitter und Hormone, wenn du ihre Namen wissen wolltest). Diese arbeiten zusammen und können die persönliche Gesundheit verbessern - oder auch verschlechtern.

Den Beweis einer Verbindung von Körper und Geist lieferte auch Richard Davidson und sein Team. Ihre Studie hat ergeben, dass die bloße Erwähnung von stressenden Worten wie "mühsames Luftholen" zwei Hirnregionen bei Asthmatikern aktiviert, die auch während eines Anfalls tätig sind. Diese Hirnaktivität könnte mit noch schwereren Asthma-Symptomen in Verbindung gebracht werden. Wenn du Interesse daran hast, dein Wissen über dieses Thema zu vertiefen, dann wirf doch einen Blick auf diese Forschungen.

Imparare nuove abilità attraverso l'immaginazione guidata

Vera F. Birkenbihl, famosa insegnante e formatrice tedesca, ha scritto nel suo libro "Stroh im Kopf?" ["Paglia nella testa?"] che *"Se vuoi imparare a fare qualcosa di nuovo*[ad esempio: parlare l'italiano], *il tuo cervello deve lavorare il doppio."*

Una parte del cervello è occupata a imparare a parlare l'italiano e a costruire il percorso neuronale, mentre un'altra parte del cervello deve coordinare i muscoli della lingua e della bocca per svolgere il compito (di parlare in italiano). E questo richiede risorse ed energie. L'autrice suggerisce di conservare energia e tempo di studio. Dovresti lavorare in piccoli moduli e alternare l'azione reale all'allenamento mentale. Questo ridurrà il tempo di apprendimento. E questo è quello che ti suggerisco di fare quando usi *Risveglia il tuo italiano!*

Un altro avvincente studio condotto da Elisa Tartaglia (e dalla sua equipe) del Laboratorio di Psicofisica all'Ecole Polytechnique Federale de Lausanne (EPFL) in Svizzera conferma che *"l'apprendimento percettivo – l'apprendimento*

Neue Fähigkeiten erlernen durch geführte Imagination

Vera F. Birkenbihl, die bekannte deutsche Kommunikationstrainerin, schrieb in ihrem Buch "Stroh im Kopf?" :"*Wenn Sie eine neue Handlung lernen,* [z.B. Italienisch sprechen], *muß Ihr Gehirn doppelt arbeiten."*

Ein Teil des Gehirns ist damit beschäftigt, das Italienische zu erlernen und die dafür notwendigen neuronalen Verbindungen zu schaffen, während ein anderer Teil des Gehirns die Muskeln der Zunge und des Mundes für den Akt des Sprechens koordinieren muss. Das erfordert Ressourcen und Energie. Die Autorin schlägt vor, Energie und Lernzeit zu sparen. Du darfst in kleinen Modulen arbeiten und immer wieder zwischen realer Aktion und mentalem Training hin- und her wechseln. Dies wird die Zeit reduzieren, die du zum Lernen brauchst. Und das ist es auch, was dir ich vorschlage, wenn du *Dein Italienisch wachgeküsst!* verwendest.

Eine weitere überzeugende Studie von Elisa Tartaglia und ihrem Team des Labors für Psychophysik der ETH Lausanne in der Schweiz bestätigt, dass "*Wahrnehmungs-Lernen", also Lernen durch ein wiederholtes Ausgesetztsein von bestimmten*

attraverso l'esposizione ripetuta ad uno stimolo – può avvenire sia attraverso l'immaginazione guidata sia attraverso l'attività reale. I risultati suggeriscono che pensare a qualcosa in continuazione può essere buono come farlo"[17]

L'immaginazione guidata e l'apprendimento delle lingue

E per l'apprendimento delle lingue? Funziona pure con l'apprendimento delle lingue? Assolutamente sì! L'immaginazione guidata è stata usata nell'apprendimento delle lingue da moltissimo tempo e con grandi risultati.

Prendi in considerazione ad esempio i professori americani che crearono le tecniche di Suggestive Accelerative Learning and Teaching (SALT) basate sulle scoperte di Georgi Lozanov: usavano diversi esercizi mentali per calmare la mente degli studenti, come ad esempio osservare il proprio respiro, camminare sulla spiaggia, salire in cima a una montagna per guardare il sorgere del sole. Questi erano esercizi di visualizzazione.

[17] Ecole Polytechnique Fédérale de Lausanne (2009).

Reizen - entweder durch geführte Imagination geschehen kann oder durch reale Aktion.Die Ergebnisse legen nahe, dass wiederholt an etwas zu denken ebenso gut sein könnte, wie es tatsächlich zu tun".

Geführte Imagination und Sprachenlernen

Und für das Sprachenlernen? Funktioniert es auch mit dem Sprachenlernen? Auf jeden Fall! Geführte Imagination wird schon seit langer Zeit beim Sprachenlernen eingesetzt und ermöglicht großartige Ergebnisse.

Denk zum Beispiel an die amerikanischen Professoren, die die Techniken des "Suggestive Accelerative Learning and Teaching" (SALT) entwickelt haben (Suggestiv beschleunigende Lehr- und Lernmethode, Anm. d. Ü.), die auf den Entdeckungen von Georgi Lozanov basieren. Sie nutzen verschiedene Übungen des Geistes, um das innere Erleben der Schüler zur Ruhe zu bringen, wie zum Beispiel das Beobachten des eigenen Atems, im Geiste am Strand spazieren zu gehen, oder sich das Erklimmen eines Berggipfels vorzustellen, um den Sonnenaufgang zu beobachten. Dies waren Übungen im Visualisieren.

In *Risveglia il tuo Italiano*, invece, sei guidato ad apprendere nuove e potenti abilità utili per la tua vita, praticando allo stesso tempo del lessico italiano utile per la tua crescita personale. E data la già provata connessione mente/corpo, sarai d'accordo con me sull'importanza di essere esposti alle parole ed emozioni giuste, vero?

Allenamento fisico e allenamento mentale

Qual è la differenza tra allenamento mentale e allenamento fisico? Ovviamente l'allenamento mentale avviene nella mente. A parte questo, c'è un parallelismo con quello che succede in un normale allenamento fisico. Se ti alleni fisicamente devi aumentare lo sforzo dell'allenamento per ottenere dei risultati migliori. E lo stesso dovrebbe accedere nell'allenamento mentale. Questo è quanto Ed Strachar suggerisce nel suo corso intitolato "Mental Rehearsal", dove insegna ad iniziare con un obiettivo chiaro: vedi, ascolta e senti le sensazioni di quello che davvero vuoi ottenere e poi introduci alcuni ostacoli. Più bizzarri sono e meglio è.

In *Dein Italienisch wachgeküsst!* wirst du jedoch an das Erlernen neuer und machtvoller Fähigkeiten herangeführt, die für dein gesamtes Leben gelten, und du übst gleichzeitig den italienische Wortschatz für dein persönliches Wachstum. Und wenn wir an die bereits bewiesene Geist-Körper-Verbindung denken, bist du doch bestimmt mit mir einer Meinung, dass es wichtig ist, sich den richtigen Worten und den richtigen Emotionen auszusetzen, nicht wahr?

Training des Körpers vs. Training des Geistes

Was ist der Unterschied zwischen körperlichem Training und geistigem Training? Klar, Training des Geistes findet in deinem Kopf statt. Davon einmal abgesehen, gibt es eine Menge Parallelen zu ganz normalem körperlichen Training. Wenn du körperlich trainierst, darfst du die Belastung im Training ständig steigern, um die besten Ergebnisse zu erzielen. Das Gleiche gilt für das geistige Training. Dies ist es, was Ed Strachar in seinem Kurs "Mental Rehearsal" (Geistiges Einüben, Anm.d.Ü.) empfiehlt. In diesem Kurs lehrt er zuerst das Setzen eines klaren Ziels: sieh, höre und empfinde die Gefühle von dem, was du wirklich erreichen willst - und anschließend führst du einige Hindernisse ein. Je bizarrer diese Hindernisse sind, umso besser.

In ogni caso devi vederti raggiungere il successo. Questo istruirà la tua mente a raggiungere il tuo obiettivo. Anche Richard Bandler e Garner Thomson nel loro libro "The secrets of being happy", scrivendo a proposito dell'allenamento mentale applicato all'apprendimento di qualsiasi abilità, consigliano di *"continuare a incrementare l'ostacolo, e di continuare a raggiungere il tuo risultato con precisione e soddisfazione."* Continuano scrivendo: *"Verifica spesso i tuoi progressi e tieni traccia di qualsiasi cosa che trovi differente e migliore.*[18] "

E poi è arrivato *Risveglia il tuo italiano!*

Tutte queste ricerche hanno portato a te questo libro che ha l'obiettivo di allenarti mentalmente a parlare l'italiano molto bene e a Risvegliare il tuo italiano. Infatti, seguendo le lezioni progressivamente, riuscirai a raggiungere nuovi livelli di rilassamento, in tutto simili a quelli richiesti per praticare l'allenamento mentale.

[18] Bandler, R. & Thomson, G. (2011).

In jedem Fall solltest du vor deinem inneren Auge sehen, wie du den Erfolg erreichst. Dies wird dein Inneres darauf ausrichten, dein Ziel zu erreichen. Auch Richard Bandler und Garner Thomson schreiben in ihrem Buch *The Secrets of Being Happy* (Die Geheimnisse des glücklich seins, Anm. d.Ü.) über die Anwendung des mentalen Trainings beim Erlernen jedweder Fähigkeit und empfehlen, *“den Level der Schwierigkeiten immer weiter zu erhöhen und dabei das gewünschte Ergebnis präzise und zu deiner Zufriedenheit zu erreichen”*. Und sie fahren fort: *“Überprüfe deinen Fortschritt häufig und achte auf alles, was du als andersartig und besser empfindest.*"

Und dann kam *Dein Italienisch wachgeküsst!*

Diese ganzen Untersuchungen haben dir das vorliegende Buch gebracht, das zum Ziel hat, dir das Italienisch lernen durch mentales Training nahezubringen, und dein Italienisch wach zu küssen! Und wirklich, wenn du die Lektionen eine nach der anderen durcharbeitest, wirst du zu neuen Ebenen der Entspannung gelangen, ganz ähnlich denen, die für das mentale Training empfohlen werden.

Le ripetizioni delle lezioni così come suggerite in “come usare questo corso” ti aiuteranno ad interiorizzare queste abilità come pure l’italiano che vi è usato. Poi sarai in grado di allenarti mentalmente a raggiungere il successo nella situazione comunicativa di tua scelta. Perché non ti ho dato delle avventure precise e dettagliate?

Perché il mio obiettivo è quello di renderti uno studente [una studentessa] indipendente della lingua italiano. *Mio caro amico, mia cara amica*, hai l’opportunità di Risvegliare davvero il tuo italiano. Sei pronto [sei pronta] a cogliere questa opportunità? Ricorda che:

La conoscenza è potere, e può essere anche divertente se sai come imparare!

Die Wiederholungen der Lektionen, wie sie im Kapitel "Anleitung zum Gebrauch dieses Kurses" vorgeschlagenen werden, werden dir helfen, diese Fähigkeiten zu verinnerlichen, genau wie das dafür verwendete Italienisch. Du wirst danach in der Lage sein, mentales Training anzuwenden, um in kommunikativen Situationen deiner Wahl sichere Erfolge zu erzielen. Warum habe ich dir (diesmal) keine präzisen und detaillierten Abenteuer an die Hand gegeben?

Weil es mein Ziel ist, dich zu einem unabhängigen Lerner oder einer unabhängigen Lernerin der Italienischen Sprache zu machen. *Mio caro amico, mia cara amica*, du hast jetzt die Chance, wirklich dein Italienisch wachzuküssen. Bist du bereit, diese Chance zu nutzen? Denk daran:

Wissen ist Macht, und es kann sogar Spaß machen, wenn du weißt wie man lernt!

!

Grazie!

Grazie, una parolina magica che molti dimenticano di dire, a volte anch'io. **Grazie** per tutto quello che mi ha portato a trovarmi a scrivere queste righe in questo esatto momento. **Grazie** quindi a tutte le singole esperienze, da quelle più significative a quelle più insignificanti, che mi hanno permesso di diventare la persona che sono oggi. E **grazie** a tutti gli autori che prima di me hanno messo su carta le idee che stanno alla base di questo libro. Come scrive Paul Kelley: "*Nessun libro è la creazione di un singolo essere umano e nessun libro comincia in un singolo momento nel tempo.*"[19].

---

[19] Kelley P. (2008), p. 179.

Grazie!

Grazie: ein kleines Zauberwort, was nur zu häufig vergessen wird, zu sagen—auch von mir, manchmal. **Grazie** für alles, was dazu geführt hat, dass ich genau in diesem Moment diese Zeilen schreibe. Also, **grazie** für jede einzelne Erfahrung, angefangen von der bedeutsamsten bis hin zur nebensächlichsten, die es mir erlaubt hat, die Person zu werden, die ich heute bin. Und **grazie** an all die Autoren vor mir, die ihre Ideen zu Papier gebracht haben, die die Basis dieses Buches bilden. Paul Kelley, britischer Pädagoge und Erziehungswissenschaftler, schreibt *"Kein Buch ist die Schöpfung eines einzelnen Menschen, und kein Buch beginnt an einem fest definierten Zeitpunkt* ."

Anche questo libro è frutto di letture, esperienze, positive e negative, che elaborate da una parte di me sono finite qui su carta. **Grazie** quindi ai miei genitori e a mia sorella che mi hanno dato una vita piena di stimoli!

Grazie a Stefano che mi ha fatto conoscere la donna della mia vita. **Grazie** a Tiziana che mi ha fatto dono di Pasquale, un piccolo gioiellino di cui ci prenderemo cura e vedremo crescere insieme. **Grazie** anche a tutti quelli che mi conoscono, che pur se non nominati, hanno svolto e svolgono un ruolo importante nella mia vita. **Grazie** a te che stai leggendo queste righe. **Grazie** di aver deciso di leggere e usare questo libro per migliorare giorno dopo giorno; e **grazie** alla lingua italiana. **Grazie**, una parola magica che fa sentire bene chi la dice e chi la ascolta. Perciò,

Grazie!

Auch dieses Buch ist das Ergebnis von Lektüre, Erfahrungen - positiven wie negativen - , die ein Teil von mir zu dem verarbeitet hat, um als jetzt hier als Buch oder ebook vor dir zu liegen. **Grazie** auch meinen Eltern und meiner Schwester, die mir ein Leben voller Anregungen geboten haben.

Grazie Stefano, durch den ich die Frau meines Lebens kennen gelernt habe. **Grazie** Tiziana, die mir Pasquale geschenkt hat, ein kleines Juwel, für das wir beide sorgen und das wir aufwachsen sehen werden. **Grazie** jedem, der mich kennt, und der, auch wenn ich ihn (oder sie) nicht ausdrücklich erwähnt habe, eine herausragende Rolle in meinem Leben gespielt haben oder noch spielen. **Grazie** auch dir, der du diese Zeilen liest. **Grazie** dafür, dass du dich entschieden hast, dieses Buch zu lesen und Tag für Tag besser zu werden, und **grazie** der Italienischen Sprache. **Grazie**: ein Zauberwort, das gute Gefühle demjenigen schenkt der es sagt, genauso wie demjenigen, der es hört. Also:

Danke!

Bibliografia / Literatur

Asher, J. J. (2001), *Brainswitching: Learning on the Right side of the brain*, Sky Oaks Production Inc.

Asher, J. J. (2003); *Learning Another Language Through Actions*, Sky Oaks Production Inc.

Bancroft, W. J (1999), *Suggestopedia and language acquisition*, Gordon and Breach Publishers.

Bandler, R. & Thomson, G. (2011), *The secrets of being happy*, IM Press (trad it. 2012, Pnl per il benessere, Alessio Roberti Editore)

Richard Bandler, Owen Fitzpatrick, Alessio Roberti (2013), *Wähle die Freiheit: Warum einige Menschen glücklich leben ... und andere nicht*, Bookmark NLP

Bannink, F. (2015), *Lösungsfokussierte Fragen: Handbuch für die lösungsfokussierte Gesprächsführung*, Hogrefe Verlag

Barzakov, I. (2004), *The essence and impact of Optimalearning®*, Barzak Educational Institute International.

Barzakov, I. (1991), *Optimalearning® Workshop*, Barzak Educational Institute International.

Battino, R. (2006), *Expectation*, Crown House Publishing Company LCC.

Battino, R. (2000), *Guided imagery and other approaches to healing*, Crown House Publishing Ltd.

Bibliografia

Birkenbihl, V. F.(2010), *Stroh im Kopf?,* MVG Verlag

T. u. B. Buzan (2005), *Das Mind-Map-Buch . Die beste Methode zur Steigerung ihres geistigen Potenzials*, Moderne Verlagsgesellschaft

T. Buzan (2007), *Speed Reading: Schneller lesen - Mehr verstehen - Besser behalten*, Goldmann Verlag

Drydern G., Vos J. (2009), *Unlimited, the new learning revolution and the seven keys to unlock it*, The Learning web

Ecole Polytechnique Fédérale de Lausanne (2009), *Learning by imagining: How mental imagery training aids perceptual learning*, ScienceDaily, 3 Dec. 2009. Web. 22 Nov. 2011.

Ferencich, R. (2010), *Suggestopedia moderna*, Guerra Edizioni

Ferris, T. (2008), *How to learn any language in three months,* www.fourhourworkweek.com/blog/2009/01/20/learning-language/ (accessed November 2011)

Garfield C. & Bennet, H. Z. (1984), *Peak performance*, Warner Books.

Jullie, A. M.; Boege, H., Scheele, P. R. (2005), *Easy Learn Languages*, Learning Strategies Corporation

Jackson P.Z., McKergow M. (2007),*The solution focus*, Nicolas Brealy Publishing

Kelley P. (2008), *Making minds*, Routledge

Krashen, S.D.; Terrel, T. D. (1983), *The natural approach*, The Alemany Press

Libertino, A. (2011), *Italienisch Lernen im Handumdrehen*, Create Space

Lynn, D. (1989); *Moderne Suggestopedie.Der ACT-Ansatz ganzheitlichen Lehrens und Lernens*, PLS Verlag

Marchesi F. (2011), *Grazie: la tecnica del campo G.I.A,.* Bis Edizioni

Mastromarco, A. (2005), *Imparare l'italiano con il metodo TPR*, Giunti Progetti Educativi

Meier D. (2000); *The accelerated Learning Handbook*, Mc Graw Hill

Richardson J. (1997), Erfolgreich kommunizieren, Goldmann Wilhelm GmbH

Rosenkranz M. A. , Davidson R. J. (2009), *Affective neural circuitry and mind-body influence in asthma*, Neuroimage 47 at www.elsevier.com/locate/ynimg (accessed November 2011)

Rosenkranz, M.A., et al. (2005), *Neural circuitry underlying the interaction between emotion and asthma symptom exacerbation*, In Proc. Nat. Acad. Sci. U.S.A. 102

Rosenthal, R., and Jacobson, L. (1983), *Pygmalion im Unterricht - Lehrererwartungen und Intelligenzentwicklung der Schüler*, Beltz

Schuster, D. H. & Gritton, C. E. (1986), *Suggestopädie in Theorie und Praxis*, PLS

Shone, R. (1984), *Creative visualization*, Thorsons Publisher

Schwartz, A. E. (1995), *Guided imagery for groups*, Whole Person Associates Inc.

Strachar, E. (2004), *Genius skills*, Ingenius Inc. (audio cds).

Thomson G. & Khan, K. (2008), *Magic in practice*, Hammersmith Press

Wenger, W. & Poe, R. (2002), *The Einstein Factor*, Crown Publications

Wells, V. (1990), *The joy of visualization*, Chronicle books.

Whitmore, J. (2009), *Coaching for Performance: Potenziale erkennen und Ziele erreichen*, Junfermann Verlag

Über den Autor

Antonio Libertino ist ein Sprachlehrer mit viel Erfahrung. Er selbst hat englisch und deutsch gelernt. Seine Passion sind Sprachen und italienische und europäische Kultur. Antonio ist zertifiziert nach DITALS (Didaktik der italienischen Sprache) der Universität Siena und des Certificate of Advanced English. Im Winter 2003 lebte er mehrere Monate in Frankfurt/M, um seine deutschen Sprachkenntnisse zu vertiefen. Dort arbeitete er bei Ferrero und ass drei Kilo Nutella - ohne jedoch zu viel an Gewicht zuzunehmen. Ende 2012 schloss Antonio eine einjährige Ausbildung am BHR Institut in Erickson'scher Psychologie und NLP ab. Heute unterrichtet er Erwachsene und Jugendliche aller Nationalitäten in seiner Muttersprache. Er hat nie aufgehört zu lernen und lernt auch heute noch jeden Tag etwas neues dazu.

Man erreicht ihn unter:
www.italianoinitalia.com - Email: info@italianoinitalia.com

!

Weitere Bücher von Antonio Libertino

Italienisch lernen im Handumdrehen!

Überleg dir, wie es wäre, wenn du auf einmal italienisch sprechen könntest - im Handumdrehen! Mit Italienisch lernen im Handumdrehen wirst du: * durch Italien reisen und einige seiner schönsten Städte kennen lernen dich entspannt zurücklehnen und dir dabei mühelos neue italienische Worte und Redewendungen des Alltags einprägen zehn spannende Erlebnisreisen nach Italien und in die italienische Sprache unternehmen, bei denen es eine Hauptperson gibt: DICH! 20 Gratis Audio-Dateien, passend zu den Lektionen: jede Lektion einmal zweisprachig und einmal nur italienisch. Die italienischen Texte sind vom Autor selbst in authentischem Italienisch gesprochen.

I segreti della lingua Italiana per stranieri The secrets of the Italian language

[Zur Zeit nur auf englisch erhältlich]

Eine simple, aber effektive Methode, mit viel Spaß und Freude die Sprache der Liebe, der Musik und der Kultur zu erlernen. Die Geheimnisse der italienischen Sprache ist ein Buch, das du bei allen deinen anderen Sprach- und Lehrbüchern der italienischen Sprache benutzen kannst. Es wird die beim Erlernen des Italienischen sehr nützlich sein, egal, ob du im Selbststudium lernst oder ob du an einem Kurs teilnimmst. Es ist ein universelles Handbuch für englischsprachige Lerner des Italienischen, im Horizontalformat, das es erlaubt, den italienischen und den englischen Text genau parallel zu nutzen. Dieses Handbuch wird dir viele Tipps und Tricks (auf italienisch) verraten, um die Sprache noch besser zu lernen - und auch die Technik des Mind Mapping nach T. Buzan wird hier genau erklärt und geübt. Das dazugehörige Hörbuch gibt's zum download gratis dazu.

Impariamo l'italiano a Tropea...[mit Giuseppe Meligrana]

[Einsprachiges Buch]

Du liebst Italien und träumst davon jede Nacht? Du würdest gern eine der schönsten italienischen Küstenstädtchen besuchen, und gleichzeitig dein Italienisch auffrischen? Ob du jemals in Tropea warst oder nicht: durch dieses Buch bekommst du das Gefühl als wärest du dort! Du erfährst viel über die Kultur des malerischen Tropea und lernst gleichzeitig nützliche Redewendungen des Alltags und Grundlagen der italienischen Grammatik. Wer sagt eigentlich, dass italienisch lernen keinen Spaß machen kann? Das passende Hörbuch bekommst du gratis dazu!

Printed in Poland
by Amazon Fulfillment
Poland Sp. z o.o., Wrocław